Beck-Rechtsberater:
Vertriebsrecht von A–Z

**Beck-Rechtsberater
Vertriebsrecht von A–Z**

Von Dr. Jürgen Niebling
Rechtsanwalt

Stand: 1. 10. 1991

Deutscher
Taschenbuch
Verlag

Redaktionelle Verantwortung: Verlag C. H. Beck, München
Umschlaggestaltung: Celestino Piatti
Umschlagbild: Birgit Koch
Gesamtherstellung: C. H. Beck'sche Buchdruckerei, Nördlingen
ISBN 3 423 05071 3 (dtv)
ISBN 3 406 35838 1 (C. H. Beck)

Vorwort

Der Waren- und Dienstleistungsvertrieb über Handelsvertreter, Vertragshändler und Franchisenehmer ist ein Grundpfeiler unserer freiheitlichen Wirtschaftsordnung. Hierin stecken für den Unternehmer oder Franchisegeber einerseits, den „Vertriebsmittler" andererseits erhebliche Chancen, aber auch Risiken. Der vorliegende Rechtsberater soll einen zuverlässigen Überblick über die rechtlichen Rahmenbedingungen und Gestaltungsmöglichkeiten des Waren- und Dienstleistungsvertriebes geben, die zu erkennen aufgrund der nationalen und EG-rechtlichen Ausgestaltung der Vertragsverhältnisse schwerfällt. In den Stichworten wurde versucht, die Unterschiede der Vertriebssysteme herauszuarbeiten, so daß der Leser für sich die Vor- und Nachteile eines bestimmten Vertriebssystems erkennen, überdenken und bewußt mitgestalten kann.

Im Oktober 1991   Jürgen Niebling

Stichwortübersicht

(Die im folgenden angeführten Begriffe sind in der alphabetischen Reihenfolge erläutert. Wenn bei einem Stickwort durch → auf ein anderes verwiesen wird, findet sich die Erläuterung unter diesem Stichwort.)

Ablehnung des Auftrages
Abtretung und Verpfändung
Abweichung von Weisungen
Allgemeine Geschäftsbedingungen
Alleinvertriebsrecht
Anforderungen an den Geschäftsbetrieb
Angestellter
Ausgleichsanspruch des Eigenhändlers
Ausgleichsanspruch des Franchisenehmers
Ausgleichsanspruch des Handelsvertreters
Auskunfts- und Rechenschaftspflicht des Handelsvertreters
Ausschließlichkeitsbindung

Befristung des Vertrages → Vertragsdauer
Bestätigungsschreiben
Bezirks- und Kundenkreisschutz

Corporate Identity

Delkredere-Haftung → Delkredere-Provision
Delkredere-Provision
Direktvertrieb

EG-Recht → Gruppenfreistellungsverordnungen
Eigenhändler → Vertragshändler
Einfirmenvertreter
Erfüllungsort

Ersatz von Aufwendungen
Exportverbot → Graumarkt

Franchise
Forschung und Entwicklung
Form des Vertriebsvertrages
Fremdprodukte → Ausschließlichkeitsbindungen
Fusionskontrolle → Kartellverträge, → Joint Ventures

Gebietsschutz → Bezirks- und Kundenkreisschutz
Gelegenheitsagent
Gemeinschaftsunternehmen → Kartellverträge
Generalvertreter
Gerichtsstand
Geschäfts- und Betriebsgeheimnisse → Handelsvertreter
Geschäftsunfähigkeit → Tod oder Geschäftsunfähigkeit
Gleichbehandlungsgrundsatz
Graumarkt
Gruppenfreistellungsverordnungen

Handelsbräuche
Handelsvertreter
Handelsmakler
Handlungsgehilfe
Handlungsvollmacht
Haupt- und Generalvertreter → Generalvertreter

Inkassoprovision

Stichwortübersicht

Jahreszielvorgabe
Joint Ventures
Just-in-Time-Lieferungen

Kartellrecht
Kartellverträge
Kaufmann
Kommissionär
Kommissionsagent
Konkurs des Handelsvertreters
Kündigung und Befristung

Leasing

Makler/Handelsmakler

Niederlassung

Preisbindungsverbot
Prokura
Provisionsanspruch

Rügelast

Schneeballsystem
Schriftform → Form des Vertriebsvertrages
Selektiver Vertrieb
Spezialisierungsvereinbarungen

Tod oder Geschäftsunfähigkeit
Trade Terms

Umsatzgarantien
Untersuchungslast
Untervertreter

Verlängerung des Vertrages
Vertragsdauer
Vertragsfreiheit
Vertragsgebiet
Vertragshändler
Vertragsrecht
Vertragsstrafen
Verwirkung
Verzinsung
Vollmacht → Handlungsvollmacht
Vorschußpflicht → Provisionsanspruch

Warenzeichen
Weisungen
Wettbewerbsrecht
Wettbewerbsverbot

Zeugnis
Zweitmarke → Ausschließlichkeitsbindung → Wettbewerbsverbot
Zugabe

Abkürzungen und Literatur

a. A.	anderer Ansicht
a. a. O.	am angegebenen Ort
AG	Amtsgericht
Abs.	Absatz
AGB	Allgemeine Geschäftsbedingungen
AGBG	Gesetz zur Regelung des Rechts der Allgemeinen Geschäftsbedingungen vom 9. 12. 1976
Anm.	Anmerkung
AnwBl.	Anwaltsblatt (Zeitschrift)
BAnz.	Bundesanzeiger
BayObLG	Bayerisches Oberstes Landesgericht
BB	Der Betriebs-Berater (Zeitschrift)
BDSG	Bundesdatenschutzgesetz
BGBl.	Bundesgesetzblatt
BGH	Bundesgerichtshof
BGHSt	Entscheidungen des Bundesgerichtshofs in Strafsachen
BGHZ	Entscheidungen des Bundesgerichtshofs in Zivilsachen
BT-Drucks.	Bundestags-Drucksache
DB	Der Betrieb (Zeitschrift)
Diss.	Dissertation
DNotZ	Deutsche Notarzeitschrift
DRspr.	Deutsche Rechtsprechung (Entscheidungssammlung)
EuZW	Europ. Zeitschrift für Wirtschaftsrecht
EWG-V	EWG-Vertrag
GRUR	Gewerblicher Rechtsschutz und Urheberrecht (Zeitschrift)
HGB	Handelsgesetzbuch
Hopt	Baumbach/Duden/Hopt, Kurzkommentar zum HGB, 28. Auflage 1989 m. Nachtrag 1990

Abkürzungen und Literatur

HS	Halbsatz
HV	Handelsvertreter
i. V. m.	in Verbindung mit
JR	Juristische Rundschau (Zeitschrift)
JuS	Juristische Schulung (Zeitschrift)
KG	Kammergericht (Berlin)
Lit.	Literatur
LG	Landgericht
LM	Nachschlagewerk des Bundesgerichtshofes, herausgegeben von Lindenmaier und Möhring
Löwe (-Bearbeiter) . . .	Löwe/von Westphalen/Trinkner, Großkommentar zum AGB-Gesetz, Bd. 2: 1983, Bd. 3: 1985
MDR	Monatsschrift für Deutsches Recht
Münch-Komm (-Bearbeiter)	Münchner Kommentar zum BGB, 2. Auflage 1984ff.
NJW	Neue Juristische Wochenschrift
NJW-RR	NJW-Rechtssprechungsreport Zivilrecht
OLG	Oberlandesgericht
Palandt (-Bearbeiter) . .	Palandt, Kurzkommentar zum BGB, 50. Auflage 1991
Rdnr.	Randnummer
RIW	Recht der internationalen Wirtschaft (Zeitschrift)
s. a.	siehe auch
str.	strittig
Ulmer	Ulmer/Brandner/Hensen, AGB-Gesetz, Kommentar, 6. Auflage 1990
UWG	Gesetz gegen den unlauteren Wettbewerb
VersR.	Versicherungsrecht (Zeitschrift)
VKrG	Verbraucherkreditgesetz

Abkürzungen und Literatur

VO	Verordnung
VOB	Verdingungsordnung für Bauleistungen
WM	Wertpapiermitteilungen (Zeitschrift)
Wolf	Wolf/Horn/Lindacher, AGB-Gesetz, Kommentar, 2. Auflage 1989
WRP	Wettbewerb in Recht und Praxis (Zeitschrift
WuW	Wirtschaft und Wettbewerb (Zeitschrift)
ZHR	Zeitschrift für das gesamte Handels- und Wirtschaftsrecht
ZIP	Zeitschrift für Wirtschaftsrecht
ZPO	Zivilprozeßordnung

A

Ablehnung des Auftrages. „Wer zur Besorgung gewisser Geschäfte öffentlich bestellt ist oder sich öffentlich erboten hat, ist, wenn er einen auf solche Geschäfte gerichteten Auftrag nicht annimmt, verpflichtet, die Ablehnung dem Auftraggeber unverzüglich anzuzeigen. Das gleiche gilt, wenn sich jemand dem Auftraggeber gegenüber zur Besorgung gewisser Geschäfte erboten hat." Diese Bestimmung des Auftragsrechtes nach § 663 BGB gilt nach § 675 BGB auch für den entgeltlichen Geschäftsbesorgungsvertrag. Bei einem →Handelsvertretervertrag handelt es sich um einen Dienstvertrag über eine Geschäftsbesorgung, denn der Handelsvertreter hat sich um die Vermittlung oder den Abschluß von Geschäften zu bemühen, wobei er hierbei das Interesse des Unternehmers wahrzunehmen hat (§ 86 I HGB). Dies bedeutet, daß der →Handelsvertreter, wenn er sich öffentlich oder speziell dem Unternehmer gegenüber zur Vertretung erboten hat, einen Auftrag des Unternehmers zur Vertragsdurchführung mündlich oder schriftlich ablehnen muß, will der →Handelsvertreter nicht vertraglich zur Durchführung verpflichtet sein.

Abtretung und Verpfändung. Eine Abtretung und Verpfändung des Vergütungsanspruches, insbesondere der →Provisionsansprüche des →Handelsvertreters ist zulässig. Eine Forderung kann jedoch nicht abgetreten werden, soweit sie der Pfändung nicht unterworfen ist (§ 400 BGB). Ist ein Recht nicht übertragbar, kann auch ein Pfandrecht an dem Recht nicht bestellt werden (§ 1274 II BGB). Allerdings besteht ein Pfändungsschutz für die wiederkehrend gezahlte Vergütung, insbesondere gewöhnliche →Provisionen, sofern es sich hierbei um eine Vertretung handelt, die den →Handelsvertreter vollständig oder zum wesentlichen Teil in Anspruch nimmt (§ 850 II ZPO: Sonstige Vergütungen). Unpfändbar sind grundsätzlich Spesenbeträge (§ 850a Nr. 3 ZPO). Die Pfändung nicht wiederkehrend zahlbarer Vergütungen ist grundsätzlich möglich, jedoch kann der →Handelsvertreter auf Antrag das Nötige zum Unterhalt für sich selbst und seine Familie beantragen (§ 850i ZPO). Für wie-

Abweichung von Weisungen

derkehrend zahlbare Vergütungen aus Vertretungen, die den Handelsvertreter nicht „wesentlich" in Anspruch nehmen, gibt es keinen Pfändungsschutz (§ 850 II ZPO).

Abweichung von Weisungen. Der Beauftragte ist berechtigt, von den Weisungen des Auftraggebers abzuweichen, wenn er den Umständen nach annehmen darf, daß der Auftraggeber bei Kenntnis der Sachlage die Abweichung billigen würde. Der Beauftragte hat vor der Abweichung dem Auftraggeber Anzeige zu machen und dessen Entschließung abzuwarten, wenn nicht mit dem Aufschube Gefahr verbunden ist. Diese Regelung gilt für das Verhältnis zwischen →Unternehmer und →Handelsvertreter, da es sich beim →Handelsvertretervertrag um einen entgeltlichen Geschäftsbesorgungsvertrag handelt (§ 665, 675). Eine unberechtigte Abweichung kann zum Schadensersatz verpflichten (§§ 276, 249 ff. BGB).

Allgemeine Geschäftsbedingungen. Allgemeine Geschäftsbedingungen sind alle für eine Vielzahl von Verträgen vorformulierte Vertragsbedingungen, die eine Vertragspartei (Verwender) der anderen Vertragspartei bei Abschluß eines Vertrages stellt (§ 1 AGBG). Der Vertrieb von Waren oder Dienstleistungen zielt auf Ausweitung und Vereinheitlichung der geschlossenen Verträge. Die Verwendung unterschiedlicher Vertragstexte, etwa im Verhältnis zwischen Hersteller und (im eigenen Namen veräußernden) →Eigenhändler, würde unter Umständen eine Diskriminierung einzelner Händler beinhalten und kartellrechtliche Bedenken hervorrufen (§ 26 Abs. 2 GWB). Aufgrund eines vielfach engen rechtlichen Gestaltungsspielraumes, den das nationale Recht wie auch das EG-Recht Vertriebsverträgen setzt, würde jede wesentliche Abweichung von Musterverträgen rechtliche Risiken mit sich bringen. Diese Musterverträge werden vielfach unter Beteiligung von Vertretern der jeweiligen Vertriebsstufe, gegebenenfalls auch unter Beteiligung von Verbraucher- und Wirtschaftsverbänden ausgehandelt, durch die jeweiligen Rechtsberater überprüft, beim Bundeskartellamt, gegebenenfalls auch bei der EG-Kommission angezeigt oder angemeldet und auch insoweit rechtlich überprüft. Vielfach bestehen auch Gruppenfreistellungsverordnungen der EG-Kommission, in denen ganz konkret der Vertragsinhalt vertriebsrechtlicher

Allgemeine Geschäftsbedingungen

Verträge in allen wesentlichen Punkten festgeschrieben wird; ein Verstoß hiergegen kann dazu führen, daß der Vertrag dem Kartellverbot des Artikels 85 EWG-Vertrag unterliegt und teilweise nichtig ist.

Die Verwendung Allgemeiner Geschäftsbedingungen in Vertriebsverträgen liegt daher in der Natur der Sache. Dies hat zur Folge, daß das Gesetz zur Regelung Allgemeiner Geschäftsbedingungen (AGBG) Anwendung findet und die Verwendung Allgemeiner Geschäftsbedingungen gegenüber Kaufleuten eine beschränkte Einbeziehungs- und Inhaltskontrolle, die Verwendung von AGB gegenüber Nichtkaufleuten eine volle Einbeziehungs- und Inhaltskontrolle ermöglicht.

Zu beachten ist auch, daß eine EG-rechtliche Billigung von Vertriebsverträgen durch Einzel- oder Gruppenfreistellungen einer Inhaltskontrolle nach dem AGBG nicht entgegenstehen. Beispielsweise beträgt die Frist zur ordentlichen Kündigung eines →Eigenhändlers durch den Hersteller in der Gruppenfreistellungsverordnung 123/1985 *ein Jahr*. D. h. EG-rechtlich (und auch nach dem deutschen Kartellrecht) ist eine vorformulierte Vertragsvereinbarung zwischen Hersteller und →Eigenhändler nicht zu beanstanden, wonach der Hersteller das Vertragsverhältnis mit einer Frist von einem Jahr ordentlich kündigen kann. Dies schließt eine Inhaltskontrolle nach § 9 AGBG nicht aus. Hiernach sind Bestimmungen in Allgemeinen Geschäftsbedingungen unwirksam, wenn sie den Vertragspartner des Verwenders entgegen den Geboten von Treu und Glauben unangemessen benachteiligen. Zum Teil wird insoweit die Auffassung vertreten, daß die hohen Investitionen, die ein →Eigenhändler – auch im Interesse des Herstellers – tätigt, eine Kündigungsfrist von lediglich einem Jahr verbieten. Erforderlich seien Kündigungsfristen von über einem Jahr; Kündigungsfristen von zwei Jahren sind in jedem Fall nach dem AGBG nicht zu beanstanden. Die deutschen Kraftfahrzeughersteller haben im Verhältnis zu ihren →Eigenhändlern oder Agenten für eine ordentliche Kündigung des Händlers oder Agenten eine zweijährige Kündigungsfrist vereinbart. Den Vertragspartnern soll hierdurch ermöglicht werden, sich einer anderen Marke und Einnahmequelle zuzuwenden, unter weitgehender Übernahme oder Amortisation der getätigten Investitionen.

Lit.: Beck-Rechtsberater im dtv Nr. 5066, Allgemeine Geschäftsbedingungen von A–Z

Alleinvertriebsrecht

Alleinvertriebsrecht. Der Unternehmer schuldet dem →Handelsvertreter als Vergütung eine →Provision und im Falle des →Delkredere auch eine →Delkredere-Provision (§ 86b HGB). Voraussetzung des Provisionsanspruches ist beim Bezirks- oder Kundenvertreter, daß Geschäfte mit Personen zustandekommen, die seinem Bezirk- oder Kundenkreis angehören (§ 87 II HGB). Denkbare Vertragsgestaltungen sind, daß Direktgeschäfte provisionspflichtig gemacht oder sogar verboten werden können. Im letzten Fall hat der Handelsvertreter den Status eines Alleinvertreters. Negativ bedeutet ein Alleinvertriebsrecht des Händlers, daß anderen Händlern außerhalb ihres Absatzgebietes der Verkauf von Waren des Herstellers verboten ist. Denkbar sind reine Gebietsbindungen, Akquisitionsverbote, Übergrenzprovisionsklauseln und Marktverantwortungsklauseln.

Kartellrechtlich sind derartige Vereinbarungen grundsätzlich bei →Handelsvertretern und →Kommissionsagenten möglich (§ 18 I Nr. 3 GWB gilt insoweit nicht; →Wettbewerbsverbot). Diese Gebietsbindungen können jedoch für →Vertragshändler nach § 18 I 3 GWB kartellrechtlich bedenklich sein. Ein Alleinvertriebsrecht stellt grundsätzlich auch keinen Verstoß gegen das Diskriminierungsverbot dar (§ 26 GWB). Auch nach EG-Kartellrecht kann ein Alleinvertriebsrecht unwirksam sein, da es den zwischen den Mitgliedsstaaten der EG bestehenden Wettbewerb beschränken kann (Artikel 85 EWG-Vertrag). Für den KFZ-Vertrieb ist nach einer Gruppenfreistellungsverordnung (Nr. 123/85) eine Ausnahme vom Kartellverbot vorgesehen für Klauseln, die es dem Händler untersagen, außerhalb seines Vertragsgebietes in bezug auf die Vertragsware Niederlassungen oder Auslieferungslager zu unterhalten, sich für den Absatz eines Vermittlers zu bedienen und Kunden zu akquirieren und zu werben, es sei denn, der Händler bedient sich eines Werbemittels, das zwar maßgeblich in seinem Vertragsgebiet verbreitet wird, jedoch über dieses hinausgeht (s. a. →Fremdprodukte).

Anforderungen an den Geschäftsbetrieb. →Vertragshändlern und →Franchisenehmern kann die vertragliche Verpflichtung auferlegt werden, ihren Geschäftsbetrieb so einzurichten, daß er in Größe, Ausstattung und Einrichtung sowie äußerem Erscheinungsbild, in technischer und kaufmännischer Hinsicht den berechtigten Kundenerwartungen an das vertriebene Produkt und den zur Erreichung des Vertragszweckes notwendigen Anforderungen des Herstellers gerecht wird. Auch können Händler und Franchisenehmer verpflichtet werden, den Standort für ihren Geschäftsbetrieb nur in Abstimmung mit dem Hersteller festzulegen und Produkte des Herstellers an anderen Standorten nur mit vorheriger schriftlicher Zustimmung des Herstellers vertreiben zu dürfen. Über Betriebsanlagen und Geschäftsräumen kann in diesen Fällen vereinbart werden, daß sie den berechtigten Kundenerwartungen an Verkauf und Service von Produkten des Herstellers gerecht werden, sofern hierdurch nicht die berechtigten Belange des Händlers oder Franchisenehmers wesentlich beeinträchtigt werden. Zulässig sind auch Vereinbarungen, wonach der Händler bei Ausweitung des Geschäftsvolumens den Betrieb und seine Einrichtungen den jeweiligen Erfordernissen anzupassen hat und wesentliche bauliche Änderungen des Betriebes, sowie sonstige größere Investitionen, soweit sie direkt oder indirekt den Händler- oder Franchisevertrag betreffen, in jedem Fall der Zustimmung des Herstellers bedürfen.

Angestellter. Der →Handelsvertreter ist ein selbständiger Gewerbetreibender (§ 84 HGB). Wer ohne selbständig zu sein ständig damit betraut ist, für einen Unternehmer Geschäfte zu vermitteln oder in dessen Namen abzuschließen, gilt als Angestellter (§ 84 II HGB). Maßgeblich für die Selbständigkeit in diesem Sinne ist die *persönliche Freiheit* im Gegensatz zur wirtschaftlichen Freiheit. Sie setzt die Möglichkeit voraus, im wesentlichen frei seine Tätigkeit zu gestalten und seine Arbeitszeit zu bestimmen. Entscheidend ist das Gesamtbild (BVerfG NJW 1987, 365; BGH, NJW 1982, 1758). Für die Selbständigkeit sprechen: Kein bestimmter Tagesplan, keine Mindestarbeitszeit, kein Mindestarbeitspensum, eigene Kostentragung, eigene Geschäftsräume, eigene Geschäftseinrichtung und Buchführung, das Auftreten unter eigner Firma und die Vertretung mehrerer Unternehmen. Es kommt hierbei auf die tatsächliche Handhabung an (BGH, BB 1982, 1877). Das Weisungsrecht des Unternehmers gegenüber dem Handelsvertreter als Beauftragter, das mangels anderweitiger Vereinbarung gilt (§ 665, 675 BGB), darf sich sowohl auf die Gestaltung seiner Tätigkeit, wie auch auf die Person seiner Vertragspartner und die Vertragsbedingungen beziehen, ohne aus dem Handelsvertreter einen Angestellten zu machen. Das Krite-

Ausgleichsanspruch des Eigenhändlers

rium, daß der Handelsvertreter seine Tätigkeit *im wesentlichen frei gestaltet*, muß jedoch erfüllt sein.

Ausgleichsanspruch des Eigenhändlers. § 89b HGB ist eine Regelung, die für den →Vertragshändler, nicht jedoch für den Eigenhändler gilt. Eine entsprechende Anwendung von § 89b HGB kommt jedoch unter zwei Voraussetzungen in Betracht, die nebeneinander gegeben sein müssen:
– Zwischen dem Eigenhändler und dem Hersteller muß ein Rechtsverhältnis bestehen, das sich nicht in einer bloßen Käufer-Verkäufer-Beziehung erschöpft, sondern den Eigenhändler aufgrund vertraglicher Abmachung so in die Absatzorganisation seines Lieferanten eingliedert, daß er wirtschaftlich in erheblichem Umfang dem Handelsvertreter vergleichbare Aufgaben zu erfüllen hat, sowie
– er verpflichtet ist, bei Vertragsbeendigung seinem Lieferanten seinen Kundenstamm zu übertragen, so daß sich der Lieferant die Vorteile des Kundenstammes sofort und ohne weiteres nutzbar machen kann (BGH, NJW 1984, 2101; BGH vom 2. 7. 1987, Az. I ZR 189/75; Küstner/von Manteuffel BB 1988, 1972, 1973).

Die KFZ-Verordnung Nr. 123/1985 der EG hat hieran nichts geändert (BGH vom 2. 7. 1987, a. a. O.). Unerheblich ist, ob die Verpflichtung zur Übertragung des Kundenstammes erst bei Vertragsbeendigung oder schon während der Vertragszeit durch die laufende Unterrichtung des Herstellers über die Geschäftsentwicklung und Geschäftsabschlüsse zu erfüllen war. Vorausgesetzt wird nur, daß der Hersteller in der Lage war, den Kundenstamm nach Beendigung des Vertrages weiter zu nutzen (BGH a. a. O.). Es ist zweifelhaft, ob diese Voraussetzung vorliegt, wenn der Hersteller eine Datenverarbeitung im Auftrag des Händlers durchführt (§ 11 BDSG), denn in diesem Fall darf der Hersteller auch nach Beendigung des Vertrages nicht (mehr) auf die Daten zur Nutzung für eigene Zwecke zurückgreifen. Der Hersteller hat keine Möglichkeit Kundendaten zu nutzen, wenn dies nur unter Verstoß gegen datenschutzrechtliche Bestimmungen möglich ist. Verhält sich der Hersteller daher vertragstreu, scheiden Ausgleichsansprüche aus. Unerheblich ist dagegen bei rechtlich zulässiger Nutzung der Daten, ob der Hersteller von der Möglichkeit, den vom Eigenhändler geschaffenen Kunden-

Ausgleichsanspruch des Eigenhändlers

stamm zu nutzen, tatsächlich Gebrauch macht (BGH vom 2. 7. 1987 a. a. O.).

Schließt der Eigenhändler nach Beendigung des Vertrages einen neuen Händlervertrag, etwa mit einem anderen Kraftfahrzeughersteller, so berührt das den Grund des Anspruches selbst nicht. Dies ist ausschließlich bei der Frage zu berücksichtigen, in welcher Höhe ein Ausgleichsanspruch der Billigkeit entspricht (BGH a. a. O. Seite 11).

Bei der *Ermittlung der Umsätze* sind nur Umsätze heranzuziehen, die mit Mehrfachkunden erzielt wurden. Der Eigenhändler hat dies im einzelnen darzulegen und im Bestreitsfalle zu beweisen. Sind etwa nur 20% der Käufer Mehrfachkäufer und damit Stammkunden, so hat dies zur Folge, daß auch die Umsätze mit den Kunden, die nicht zu diesem Kreis gehören, bei der Berücksichtigung des Ausgleichsanspruches nicht berücksichtigt werden können. Der BGH hat eine Abwanderungsquote von 25% jährlich beim KFZ-Eigenhändler nicht beanstandet (BGH vom 2. 7. 1987, Seite 12). Der BGH hat es auch nicht beanstandet, wenn von den Umsätzen des letzten Vertragsjahres ausgegangen wird, um eine Prognose darüber anzustellen, welche Vorteile der Hersteller aus den vom Eigenhändler geschaffenen Geschäftsbeziehungen erzielen werde und welche Provisionsverluste dem Eigenhändler entstehen würden. Der *Sogwirkung der Marke* kommt im Rahmen der Billigkeit als Abzugsposten Bedeutung zu. Grund hierfür ist, daß der Entschluß zum Kauf eines Kraftfahrzeuges erfahrungsgemäß durch verschiedene Gründe beeinflußt wird und nur die *werbende Tätigkeit* des Eigenhändlers den Kaufentschluß des Kunden beeinflussen kann. Viele Kunden folgen jedoch dem guten Ruf der Marke ohne daß die werbende Tätigkeit des Eigenhändlers Einfluß auf die Kaufentscheidung genommen hat. Die Sogwirkung der Marke fördert so ganz wesentlich die Verkaufsleistung des Eigenhändlers. Einen Abzug in Höhe von 25% hat der BGH im Falle des Herstellers Renault vorgenommen (BGH a. a. O.). Ferner ist zu berücksichtigen, wenn der Eigenhändler in unmittelbarem Anschluß an den Vertrag Vertragshändler eines konkurrierenden Herstellers von Kraftfahrzeugen wird. Der BGH hat insoweit einen weiteren Abzug von 25% gebilligt (BGH a. a. O. Seite 14). Da der Anspruch bei Vertragsende fällig ist obwohl der Ausgleich an die Stelle künftiger, mit der Vertragsbeendigung aber entfallender

Ausgleichsanspruch des Franchisenehmers

Provisionseinnahmen tritt, d. h. der Eigenhändler eine Zahlung erhält, die sich bei einer Fortsetzung des Vertrages auf einen längeren Zeitraum verteilen würde, ist grundsätzlich eine *Abzinsung* des für den als Provisionsverlust angenommenen Betrages vorzunehmen (BGH a. a. O. Seite 14). Der Ausgleichsanspruch ist ausgehend von den Bruttoumsätzen zu berechnen, denen die Mehrwertsteuer zuzurechnen ist (BGH a. a. O. Seite 15). Der Umsatz im Geschäft mit *Ersatzteilen* bleibt grundsätzlich unberücksichtigt, da der Eigenhändler hiermit eine vom Vertrieb unabhängige eigene gewerbliche Tätigkeit ausführt, die nicht der *werbenden Tätigkeit* unterfällt. Der einer Provision entsprechende Anteil des Händlerrabattes im KFZ-Vertrieb dürfte zwischen 6 und 10% liegen.

Die unter dem Stichwort „Ausgleichsanspruch des Handelsvertreters" zitierte Rechtsprechung wird weitgehend auch für den Eigenhändler gelten. Insbesondere gilt dies für den Ausgleichsanspruch einschränkende oder ausschließende Vereinbarungen die ebenso wie im Handelsvertretervertrag auch beim Vertragshändlervertrag nicht vor Ablauf des Vertrages geschlossen werden können (BGH BB 1990, 1366). Die Mitnahme des Kundenstammes läßt Ausgleichsansprüche regelmäßig entfallen (BGH BB 1989, 1575), ebenso die Kündigung durch den Eigenhändler, wenn für das gleiche Fabrikat weiterhin Werbung gemacht und der Kundenstamm genutzt werden soll (OLG München, Urteil vom 23. 1. 1991, Az: 7 U 4114/90).

Lit.: Küstner/von Manteuffel BB 1988, 1972.

Ausgleichsanspruch des Franchisenehmers. Die für den Handelsvertreter geltende Regelung des § 89b HGB gilt unter bestimmten Voraussetzungen entsprechend für Ausgleichsansprüche des ausscheidenden Vertragshändlers. Für die entsprechende Anwendung auch auf den Franchisenehmer lassen sich dagegen (noch) keine höchstrichterlichen Entscheidungen anführen. Die Meinungen, ob ein Ausgleichsanspruch des Franchisenehmers besteht, gehen daher auseinander (bejahend z. B. Martinek, Franchising, Seite 366ff.; Skaupy, Franchising, Seite 121; Mattheißen ZIP 1988, 1089, 1096; verneinend Palandt Putzo, 47.–49. Auflage, nunmehr offenlassend (50. Auflage)).

Richtigerweise wird man hierbei differenzieren müssen: Die für den Vertragshändler gestellte Analogievoraussetzung der Eingliederung des Absatzmittlers in die Absatzorganisation des

Ausgleichsanspruch des Franchisenehmers

Unternehmers „ähnlich einem Handelsvertreter" ist in der Regel dann gegeben, wenn der Franchisenehmer das sogenannte System des Franchisegebers beim Absatz von Waren und/oder Dienstleistungen zu verwirklichen hat. In der Regel ist diese Voraussetzung leichter zu bejahen als beim Vertragshändler. Entsprechend der Rechtsprechung zum Vertragshändlerrecht ist ferner erforderlich, daß der Franchisenehmer verpflichtet ist, seinen Kundenstamm während oder bei Vertragsbeendigung dem Franchisegeber zu überlassen (a. A. Köhler NJW 1990, 1689, 1696). Die Zahlung einer Franchisegebühr durch den Franchisenehmer an den Franchisegeber steht Ausgleichsansprüchen nicht entgegen, da kein Zusammenhang mit einer möglichen Rechtspflicht besteht, den Kundenstamm auf den Franchisegeber zu übertragen. Ausgleichsansprüche scheiden dagegen von vornherein aus, wenn der Franchisenehmer als → Angestellter anzusehen ist, insbesondere, wenn der Franchisegeber selbst die Geschäftsöffnungszeiten des Franchisenehmers, die Urlaubszeiten u. a. festlegt und dem Franchisenehmer gegenüber auch im Einzelfall weisungsberechtigt ist. Die Sogwirkung eines Franchisesystemes kann Ausgleichsansprüche ausschließen oder auch beschränken. Für Franchisenehmer im Nebenberuf („Shop in the Shop") besteht entsprechend der Regelung für Handelsvertreter kein Ausgleichsanspruch (§ 92 I HGB).

Der Franchisegeber wird in der Regel keine Vorteile aus der Geschäftsverbindung nach Vertragsbeendigung haben, wenn das Produkt typischerweise von einem Kunden nur einmal angeschafft wird (Brautkleider, Fertighäuser, Wendeltreppen u. a.). Keine Vorteile hat der Franchisegeber nach Vertragsbeendigung in der Regel auch in den Fällen, in denen es keine Stammkunden gibt, etwa weil das Schnellrestaurant an einer Autobahntankstelle liegt und typischerweise nur „Laufkundschaft" betreut. Für Vereinbarungen, wonach Ausgleichsansprüche anläßlich der Vertragsbeendigung ausgeschlossen oder beschränkt werden sollen, gilt die im Handelsvertreterrecht geltende Regelung entsprechend: Vor Beendigung des Vertragsverhältnisses sind keine Vereinbarungen möglich, die den Ausgleichsanspruch ausschließen oder beschränken (§ 89b III, Ziffer 3 HGB und BGH BB 1990, 1366). S. a. → Ausgleichsanspruch des Vertragshändlers, → Ausgleichsanspruch des Eigenhändlers.

Lit.: Köhler NJW 1990, 1689.

Ausgleichsanspruch des Handelsvertreters

Ausgleichsanspruch des Handelsvertreters. 1. Der Ausgleichsanspruch des Handelsvertreters ergibt sich aus § 89b HGB. Im folgenden wird bereits die seit dem 1. 1. 1990 aufgrund einer EG-Richtlinie in deutsches Recht umgesetzte Fassung von § 89b HGB zugrundegelegt. Hiernach hat der Handelsvertreter bei Beendigung des Vertragsverhältnisses gegen den Unternehmer einen Anspruch auf Ausgleich, wenn und soweit der Unternehmer aus der Geschäftsverbindung mit neuen Kunden, die der Handelsvertreter geworben hat, auch nach Beendigung des Vertragsverhältnisses erhebliche Vorteile hat und die Zahlung eines Ausgleichs unter Berücksichtigung aller Umstände, insbesondere der Provisionen, die dem Handelsvertreter aus Geschäften mit vorstehend genannten Kunden infolge der Beendigung des Vertragsverhältnisses entgehen, der Billigkeit entspricht. Der Werbung eines neuen Kunden steht es gleich, wenn der Handelsvertreter die Geschäftsverbindung mit einem Kunden so wesentlich erweitert hat, daß sie wirtschaftlich der Werbung eines neuen Kunden gleichkommt.

Der Ausgleich beträgt höchstens eine nach dem Durchschnitt der letzten fünf Jahre der Tätigkeit des Handelsvertreters berechnete Jahresprovision oder sonstige Jahresvergütung. Bei kürzerer Dauer des Vertragsverhältnisses ist der Durchschnitt während der Dauer der Tätigkeit maßgebend. Der Anspruch besteht nicht, wenn der Handelsvertreter das Vertragsverhältnis gekündigt hat, es sei denn, daß die Kündigung auf Umständen beruht, die dem Unternehmer zuzurechnen sind, *oder* dem Handelsvertreter eine Fortsetzung der Tätigkeit wegen seines Alters oder wegen Krankheit oder Gebrechen nicht zugemutet werden kann *oder* der Unternehmer das Vertragsverhältnis gekündigt hat und für die Kündigung ein wichtiger Grund wegen schuldhaften Verhaltens des Handelsvertreters vorlag *oder* aufgrund einer Vereinbarung zwischen dem Unternehmer und dem Handelsvertreter, wonach ein Dritter an Stelle des Handelsvertreters in das Vertragsverhältnis eintritt. Diese Vereinbarung kann nicht vor Beendigung des Vertragsverhältnisses getroffen werden.

Zu beachten ist, daß für Handelsvertreterverhältnisse, die vor dem 1. 1. 1990 begründet wurden und an diesem Tag noch bestanden, die alte Fassung von § 89b HGB bis zum Ablauf des Jahres 1993 Anwendung findet (§ 29 EGHGB). Dies bedeutet,

Ausgleichsanspruch des Handelsvertreters

daß Ausgleichsansprüche in diesen Fällen innerhalb von drei Monaten (und nicht innerhalb eines Jahres) nach Beendigung des Vertragsverhältnisses geltend zu machen sind.

Der Zweck dieser Bestimmung liegt darin, daß der Vertreter die durch seine Provision noch nicht voll abgegoltene Leistung für den von ihm geschaffenen und dem Unternehmer übertragenen Kundenstamm nach Billigkeitsgesichtspunkten vergütet verlangen kann. *Anspruchsberechtigte:* Der hauptberuflich tätige Handelsvertreter, der Generalvertreter, der Tankstellenpächter, auch bei der Selbstbedienungstankstelle (BGH, NJW 1985, 862), sowie Bezirksstellenleiter von Toto- und Lottounternehmen und im Versandhandel von Möbeln (OLG Hamm BB 1978, 1686). Für Versicherungs- und Bausparkassenvertreter enthält § 89b V eine Sonderregelung. *Nicht* ausgleichsberechtigt ist der →Handelsvertreter im Nebenberuf (§ 92b I Satz 1 HGB) sowie der Handlungsgehilfe (BAG BB 1958, 775). Auch steht dem Reisenden im Anstellungsverhältnis kein Ausgleichsanspruch zu. Der →Einfirmenvertreter (§ 92a I HGB) ist Handelsvertreter mit der Besonderheit, daß er vertraglich nicht für weitere Unternehmen tätig werden darf oder dies nach Art und Umfang der von ihm verlangten Tätigkeit nicht möglich ist. In diesem besonderen Fall entscheiden die *Arbeits*gerichte (§ 5 III ArbGG) über den Ausgleichsanspruch. Zum →Ausgleichsanspruch des Eigenhändlers und des Franchisenehmers siehe dort.

Fälligkeit. Der Ausgleichsanspruch wird mit Beendigung des Handelsvertretervertrages fällig. Unerheblich ist, ob die Beendigung durch Zeitablauf, auflösende Bedingung, Aufhebungsvertrag, Kündigung, Tod oder Konkurs des Unternehmers, endet. Eine Anfechtung des Vertrages, etwa aufgrund arglistiger Täuschung des Handelsvertreters, führt dazu, daß von Anfang an ein wirksamer Vertrag nicht vorliegt, so daß mögliche Ansprüche von vornherein nicht bestehen. Für die in § 89b III HGB genannten Fälle (insbesondere Kündigung durch den HV) werden keine Ausgleichsansprüche begründet. Eventuelle Gründe der Vertragsaufhebung sind im Rahmen einer Billigkeitsprüfung nach § 89b I Nr. 3 HGB zu berücksichtigen (BGHZ 52, 12). Dem Vertragsende steht eine Vertragsfortführung auf völlig veränderter rechtlicher und tatsächlicher Grundlage gleich (von Gamm, NJW 1979, 2494). Der Tod des Handelsvertreters schließt Ansprüche nach § 89b nicht aus, so daß

Ausgleichsanspruch des Handelsvertreters

diese auf die Erben des HV übergehen (BGHZ 24, 223). Ein Selbstmord des HV kann wegen Unbilligkeit des Ausgleichsanspruches (89b I Nr. 2 HGB) diesen ausschließen (BGH BB 1973, 815). Grundsätzlich können auch Vertragsänderungen Ausgleichsansprüche begründen, etwa durch Vereinbarung einer Halbierung des Vertreterbezirkes, die Umwandlung eines hauptberuflichen HV-Verhältnisses in ein nebenberufliches (OLG Nürnberg BB 1958, 1151) oder die Beendigung des Handelsvertreterstatus, der nur für bestimmte Aufgabenbereiche bestand, unter Aufrechterhaltung des im übrigen bestehenden Eigenhändler- oder Franchisevertrages. Dagegen dürfte die auf sachlich gleichem Gebiet erfolgte Vertragsänderung vom Handelsvertreter zum Eigenhändler oder →Franchise Ausgleichsansprüche nicht begründen, da der HV auch insoweit seinen Kundenstamm nutzen kann.

Anspruchsvoraussetzungen: Der Anspruch setzt voraus, daß der Unternehmer aus der Geschäftsverbindung mit neuen Kunden, die der HV geworben hat, auch nach Beendigung des Vertragsverhältnisses erhebliche Vorteile hat. Neue Kunden sind auch solche, die ursprünglich der Unternehmer geworben, dann verloren und der HV wieder gewonnen hat (OLG Nürnberg BB 1959, 318). Auch kann ein langer Zeitablauf (z. B. zehn Jahre) dazu führen, daß die im Anschluß hieran gewonnenen Kunden „neu" sind (OLG Nürnberg NJW 1957, 1720; OLG Nürnberg BB 1964, 1400). Überläßt der Vorgänger des Vertreters diesem selbstgeworbene Kunden zur Bearbeitung, so hat der neue Vertreter keine „neuen" Kunden geworben (BGH, NJW 1985, 58). Unerheblich ist hierbei, ob der Vertreter an den Vorgänger im Einverständnis mit dem Unternehmer eine Abfindung bezahlt (BGH a. a. O.). Hat sich die Abfindungszahlung des Vertreters an den Vorgänger jedoch nicht amortisiert, ist je nach Fallgestaltung und dem vermuteten Willen der Parteien eine Teilerstattung der Zahlung bei vorzeitigem Vertragsende gegenüber dem Unternehmer denkbar (BGH a. a. O.). Für die Werbung neuer Kunden genügt die *Mitursächlichkeit* des HV (BGH, NJW 1985, 860). *Vorteil:* Ist die für den Unternehmer bestehende Möglichkeit, durch die Tätigkeit des HV aus der Geschäftsverbindung mit neuen Kunden seinen Unternehmergewinn zu steigern. Dies ist aufgrund einer Prognose zu beurteilen (BGHZ 56, 246). Die Aussicht auf eine längere und beständige Geschäftsbeziehung

Ausgleichsanspruch des Handelsvertreters

und Nachbestellung durch den Kunden in verhältnismäßig kurzen Zeitabständen ist in der Regel ein erheblicher Vorteil (BGH BB 1970, 102). Auch die Neubestellung erst nach fünf Jahren kann für den Unternehmer einen Vorteil darstellen (BGH, NJW 1985, 859). Gleiches gilt für die Erweiterung von Geschäftsbeziehungen (BGH BB 1970, 102). Ein Vorteil ist auch die Erlangung einer umsatzorientierten, entsprechend höheren Absatzgarantie bei einem Kooperationsvertrag oder eines infolge des Kundenstammes höheren Kaufpreises bei Unternehmensveräußerung (BGHZ 49, 43; Steindorf ZHR 130, 82). Die Unternehmensveräußerung darf jedoch nicht nur für den Handelsvertreter von Vorteil sein. Die Zuweisung eines bestimmten Kundenkreises oder eines bestimmten Bezirkes nach § 87 II HGB berührt den Ausgleichsanspruch nicht. Vorteile für den Unternehmer sind auch bei Rotationsvertriebssystemen möglich (BGH, NJW 1985, 860). *Erheblichkeit:* Die Vorteile für den Unternehmer müssen nach § 89b I Nr. 1 erheblich sein. Hierbei sind die bisherigen Vorteile durch neue Kunden mit dem zu erwartenden Umfang und der erwartenden Beständigkeit des Neugeschäftes zu vergleichen. Nicht ausreichend ist die Feststellung, daß der Gesamtumsatz des Unternehmers möglicherweise steigen kann. Geschäftsbeziehungen mit neuen Kunden seit lediglich einem Jahr begründen die Erheblichkeit in der Regel nicht (OLG Celle BB 1969, 558). Eine einmalige Kundenwerbung des Reisebüros für das Reiseunternehmen reicht nicht (BGH BB 1975, 198). Erweist sich eine Prognose im nachhinein als unrichtig, so kann der Unternehmer vom HV keine Erstattung für wider Erwarten „abgesprungene" Kunden verlangen. *Kein erheblicher Vorteil:* Wandert der Kunde allein wegen des Pächterwechsels ab, obwohl der Nachfolgeservice objektiv nicht schlechter ist, besteht kein Ausgleichsanspruch (BGH, NJW 1985, 861). Gleiches gilt, wenn der Kundenstamm entwertet wird. Dies ist bei einer Betriebsstillegung der Fall, sofern der Unternehmer nicht auch hierdurch noch Vorteile hat, z. B. durch den höheren Verkaufserlös für die Überlassung von Produktion oder Kundenstamm an Dritte. Wird die vom Handelsvertreter vertriebene Ware eingestellt und nicht lediglich abgeändert, besteht ebenfalls kein Ausgleichsanspruch (BGH, NJW 1959, 1964). Stellt der Unternehmer sein Vertriebssystem um, so daß nur noch Großabnehmer beliefert werden, scheiden Ausgleichsansprüche gleichfalls aus (BGHZ

Ausgleichsanspruch des Handelsvertreters

49, 41). Der Unternehmer hat jedoch die Pflicht, den Vertreter hiervon rechtzeitig zu benachrichtigen. Dagegen kann der Vertrieb nur noch über den Großhandel fortdauernde Vorteile des Unternehmers unberührt lassen (BGH, NJW 1984, 2696). *Vertreibt der HV nach Beendigung des Vertrages ein Konkurrenzprodukt und nimmt er hierbei die geworbenen Kunden mit, so schließt dies den Ausgleichsanspruch aus* (BGH BB 1989, 1575, 1576). Dies ist konsequent, weil der Ausgleich nach § 89b HGB eine Vergütung für die Überlassung des vom Handelsvertreter geschaffenen Kundenstammes an den Unternehmer darstellt (BGH a. a. O.). *Beweislast:* Das Vorliegen bestimmter Anspruchsvoraussetzungen muß der Handelsvertreter im Rechtsstreit darlegen und – sofern der Unternehmer das Vorliegen dieser Voraussetzungen bestreitet – auch beweisen. Hierzu zählt insbesondere der Umstand der Werbung von Kunden, die vom HV zu beweisen ist (BGH, NJW 1985, 859). Das Fortbestehen der Geschäftsverbindung zwischen Kunden und HV wird nach Beendigung des HV-Vertrages widerleglich vermutet (BGH a. a. O.). *Provisionsverluste des Handelsvertreters:* Nach der bisherigen Fassung von § 89b war neben dem Bestehen erheblicher Vorteile für den Unternehmer zweite Voraussetzung des Ausgleichsanspruches, daß der Handelsvertreter Nachteile durch entsprechende künftige Provisionsverluste erleidet. Dritte Voraussetzung des Ausgleichsanspruches war darüber hinaus, daß die Zahlung eines Ausgleichs der Billigkeit entsprechen mußte (zuletzt BGH BB 1989, 1575, 1576). Nach der grundsätzlich zum 1. 1. 1990 in Kraft getretenen Neufassung werden formal nur mehr zwei Voraussetzungen des Ausgleichsanspruches genannt. Hiernach bestehen Ausgleichsansprüche nur, wenn und soweit der Unternehmer aus der Geschäftsverbindung mit neuen Kunden, die der Handelsvertreter geworben hat, auch nach Beendigung des Vertragsverhältnisses erhebliche *Vorteile* hat (§ 89b I Nr. 1) und die Zahlung eines Ausgleichs unter Berücksichtigung aller Umstände, insbesondere der Provisionen, die dem Handelsvertreter aus Geschäften mit den in Nummer 1 genannten Kunden infolge der Beendigung des Vertragsverhältnisses entgehen, der *Billigkeit* entspricht (§ 89b I Nr. 2). Nach dem Wortlaut der Neufassung ist es daher nicht mehr erforderlich, daß der Handelsvertreter Nachteile durch entsprechende Provisionsverluste erleidet. Dies ist vielmehr nur ein Umstand, der bei der Billigkeitsprüfung

Ausgleichsanspruch des Handelsvertreters

berücksichtigt werden muß. Grundsätzlich ist es daher nicht ausgeschlossen, daß Ausgleichsansprüche nach der Neuregelung auch für die Fälle anerkannt werden, in denen der Handelsvertreter keine entsprechenden Provisionsverluste erleidet. In der Regel werden derartige Ansprüche jedoch als unbillig anzusehen sein.

Den vor der Neuregelung ergangenen Gerichtsentscheidungen kommt ein ganz erheblicher Indizwert zu. Diese Entscheidungen werden in der Regel auch für die Neufassung zugrundegelegt werden können. Grundsätzlich ist es daher erforderlich, daß dem Handelsvertreter infolge der Vertragsauflösung aus älteren oder künftigen Abschlüssen Provisionen entgehen. Hierunter fallen auch Provisionen, die für den Vertragsabschluß mit Kunden gewährt werden, zugleich aber für den Unternehmer eine Sicherungsfunktion haben. Eine Ausnahme bilden lediglich die →Delkredere-Provisionen (BGH, NJW 1979, 653).

Keine Provisionen in diesem Sinne sind Provisionen für Tätigkeiten, die von keiner oder von einer nur untergeordneten Bedeutung für Abschlüsse sind, z. B. Inkasso, Bestandspflege und Verwaltung (BGHZ 55, 45). Ebenso fallen Provisionen für nichtwerbende (verwaltende) Tätigkeiten nicht hierunter (BGH, NJW 1985, 861). Maßgeblich sind Bruttoprovisionen, wobei die Mehrwertsteuer außer Ansatz bleiben darf (BGHZ 41, 129; BGHZ 61, 114). Für die *Billigkeit* des Ausgleichsanspruches kommen verschiedene Umstände in Betracht; die Rechtsprechung hat insbesondere folgende Fallgruppen als relevant angesehen: die Beendigung des Vertragsverhältnisses beruht auf einem Verschulden des HV, ohne daß zugleich ein wichtiger Grund im Sinne von Absatz I Nr. 2, der einen Ausgleichsanspruch ausschließt, gegeben ist (z. B. Unfalltod: BGHZ 41, 132; Selbstmord: BGHZ 45, 388). Auch langdauernde Vertragsverletzungen, die lediglich zur ordentlichen Kündigung führen, können bei der Billigkeitsprüfung zu berücksichtigen sein (BGH DB 1981, 1773). Einzelne Vertragsverstöße bei langjähriger guter Zusammenarbeit sind dagegen in der Regel irrelevant (BGH WM 1985, 469). Die Versagung von Ausgleichsansprüchen fällt um so schwerer, je länger das Vertragsverhältnis gedauert hat. Ein hohes Alter des Vertreters ist in der Regel für die Billigkeitsprüfung unerheblich; weder wird hierdurch die Billigkeit generell bestätigt, noch etwa mit dem Hinweis widerlegt, die Ar-

Ausgleichsanspruch des Handelsvertreters

beitsunfähigkeit stünde ohnehin bevor. Die Zahlung des Ausgleichs entspricht dagegen nicht der Billigkeit, wenn das Unternehmen den Ausgleichsanspruch übersteigende Beträge für eine Altersversorgung des Handelsvertreters aufgebracht hat und diese die Funktion einer Ausgleichszahlung übernimmt. Dementsprechend läuft auch eine Vereinbarung, nach der ein Ausgleichsanspruch aus Billigkeitsgründen nicht entsteht, soweit das in eine Altersversorgung des HV eingezahlte Deckungskapital aus Beiträgen des Unternehmers stammt, nicht dem Verbot zuwider, den Ausgleichsanspruch abändernde Vereinbarungen zu treffen (§ 89b Abs. 3 Nr. 3 HGB; LG Düsseldorf VersR 1991, 184).

Beweislast: Auch die Voraussetzungen der Billigkeit hat grundsätzlich der Vertreter darzulegen und im Bestreitensfalle zu beweisen. Vielfach greifen jedoch Vermutungen ein (BGHZ 41, 133). Das Maß der Unbilligkeit der Ausgleichsforderungen entscheidet nicht nur über die Höhe eines eventuellen Ausgleichsanspruches, sondern kann auch zum Ausschluß des Anspruches als solchen führen. *Das Maß des Ausgleichs:* Das Maß des Ausgleichsanspruches wird bestimmt durch das im Rahmen von § 89b I Nr. 1 abzuleitende Maß der Vorteile für den Unternehmer sowie das Maß der Billigkeit „unter Berücksichtigung aller Umstände" nach § 89b I Nr. 2.

Besonders hohe ersparte Betriebskosten können hierbei berücksichtigt werden (BGH, NJW 1979, 653). Der zu erwartende jährliche Kundenschwund ist abzusetzen (OLG Karlsruhe BB 1982, 275 m. Anm. Küstner). Scheidet ein Mehrfirmenvertreter bei einer Firma aus, ist zu berücksichtigen, ob er die Kunden dieses Unternehmers mit den Erzeugnissen des anderen beliefern kann (BGH BB 1960, 1179; BGH DB 1981, 1774). Umsatzfördernde Aufwendungen des Unternehmers mindern den Ausgleichsanspruch in der Regel nicht (BGHZ 73, 99). Insbesondere ist aber das Maß der verwaltenden Tätigkeit (Gegensatz: werbende Tätigkeit) mindernd abzusetzen.

Obergrenze eines Ausgleichsanspruches: Nach § 89b II beträgt der Ausgleich höchstens eine nach dem Durchschnitt der letzten fünf Jahre der Tätigkeit des Handelsvertreters berechnete Jahresprovision oder sonstige Jahresvergütung. Bei kürzerer Dauer des Vertragsverhältnisses ist der Durchschnitt während der Dauer der Tätigkeit maßgebend (§ 89b II HGB, der durch die Neufassung nicht berührt wird). Wichtig ist insbesondere, daß diese Obergrenze erst eingreift, wenn der nach Absatz 1 berechnete Betrag die Obergrenze übersteigt. Unzulässig ist es, bereits bei der Billigkeitsprüfung nach § 89b I Ziffer 2 die Obergrenze zu berücksichtigen und hiervon einen Billigkeitsabschlag zu machen (BGH DB 1981, 1773). *Entfallen des Ausgleichsanspruches nach Absatz 3:* Kein Ausgleichsanspruch besteht, d. h. eine bloße Reduzierung des Ausgleichsanspruches kommt hier nicht in Betracht, wenn der HV das Vertragsverhältnis gekündigt hat, es sei denn, der HV legt dar und beweist im Bestreitensfalle, daß die Kündigung auf Umständen beruht, die dem Unternehmer zuzurechnen sind, oder daß dem Handelsvertreter eine Fortsetzung seiner Tätigkeit wegen Alters, Krankheit oder Gebrechen nicht zugemutet werden kann. Ein Ausgleichsanspruch besteht ferner nicht, wenn der Unternehmer das Vertragsverhältnis gekündigt hat und für die Kündigung ein wichtiger Grund wegen schuldhaften Verhaltens des HV vorlag oder aufgrund einer Vereinbarung zwischen dem Unternehmer und dem HV ein Dritter an Stelle des HV in das Vertragsverhältnis eintritt; diese Vereinbarung kann nicht vor Beendigung des Vertragsverhältnisses getroffen werden. *Zu § 89 III Ziffer 1:* Die Kündigung des HV kann eine ordentliche oder außerordentliche, eine befristete oder eine unbefristete sein. Hat der HV jedoch einen wichtigen Grund das Vertragsverhältnis zu beenden, wird der Ausgleich nicht ausgeschlossen. Der Anspruch wird ferner auch dann nicht ausgeschlossen, wenn der HV noch nicht die Schwelle eines wichtigen Kündigungsgrundes im Sinne von 89a HGB erreicht hat. Es ist ausreichend, daß der HV durch ein Verhalten des Unternehmers in eine für ihn nach Treu und Glauben nicht haltbare Lage kam (BGHZ 40, 15; BGH, NJW 1967, 2153). Ein Verschulden des Unternehmers ist hierfür nicht erforderlich. Auch eine zu Unrecht erfolgte fristlose Kündigung kann einen begründeten Anlaß für eine ordentliche Kündigung enthalten (BGHZ 91, 321). Ein begründeter Anlaß für den →Untervertreter besteht, wenn der Hauptvertreter ihm nach der Kündigung durch den Unternehmer nicht die Vertragsfortsetzung zu angemessenen Bedingungen anbietet (BAG BB 1985, 226). Der Ausgleichsanspruch ist dagegen nicht von vorneherein ausgeschlossen, wenn dem HV *eine Fortsetzung seiner Tätigkeit wegen Alters oder wegen Krankheit oder Gebrechen nicht zugemutet werden kann.* In der Regel reicht hierfür die Vollendung des 65. Lebensjahres. Eine Krankheit darf nicht nur vorübergehender

Ausgleichsanspruch des Handelsvertreters

Art sein. Besteht ein Vertragsverhältnis zu einer juristischen Person, insbesondere zu einer Handelsvertreter-GmbH, so führt allein Krankheit eines Gesellschafters nicht zur Unzumutbarkeit der Vertragsfortführung. In diesem Fall ist ein Gesellschafterwechsel möglich. Führt der HV nach Beendigung des Vertragsverhältnisses die Geschäfte faktisch fort, so zeigt dies, daß ihm die Fortsetzung des Vertragsverhältnisses zumutbar war. Selbstverursachter (Unfall-) Tod oder Selbstmord führt bei Kündigung durch den HV zum Ausschluß des Anspruches (BGHZ 41, 131; BGHZ 45, 387: regelmäßig). Der Anspruch entfällt auch bei schuldhaften, einen wichtigen Grund zur Kündigung liefernden Verhalten des HV (§ 89a HGB) und ordentlicher oder außerordentlicher Kündigung des Unternehmers (BGHZ 24, 35). Nicht erforderlich ist, daß der Unternehmer diesen wichtigen Grund bereits kannte (BGHZ 40, 15). Nicht jede Kündigung aus wichtigem Grund durch den Unternehmer führt zum Ausschluß des Ausgleichsanspruches (BGHZ 40, 15). *Beispiele:* Beleidigungen des HV, unzulässiger Wettbewerb des HV (BGH, NJW 1984, 2101). Eine außerordentliche Kündigung wegen Schuldverdachtes kann wirksam sein, führt aber nicht zwangsläufig zum Ausschluß des Ausgleichsanspruches nach Abs. 3 Nr. 2 (BGHZ 29, 277). Der dritte in Abs. 3 geregelte Ausschlußtatbestand setzt eine *Vereinbarung zwischen dem Unternehmer und dem HV* voraus, wonach ein Dritter an Stelle des HV in das Vertragsverhältnis eintritt. Die hierauf zielende Vereinbarung kann nicht vor Beendigung des Vertragsverhältnisses getroffen werden. *Ausschlußvereinbarung:* Abgesehen von dem genannten Sonderfall kann generell der Anspruch nicht im voraus ausgeschlossen werden (§ 89b IV HGB). Vereinbarungen, durch die der Ausgleichsanspruch eingeschränkt oder ausgeschlossen wird, können grundsätzlich auch dann nicht wirksam getroffen werden, wenn zugleich der Handelsvertretervertrag für einen späteren Zeitpunkt aufgehoben und der Handelsvertreter mit sofortiger Wirkung freigestellt wird (BGH NJW 1990, 2889 = BB 1990, 1366; Thume, BB (991, 490». Hierdurch soll der HV vor den Gefahren bewahrt werden, sich aufgrund seiner wirtschaftlichen Abhängigkeit von dem Unternehmen auf ihn benachteiligende Abreden einzulassen.

Zulässig sind dagegen Aufhebungsvereinbarungen mit sofortiger Wirkung u. U. auch wenige Wochen vor dem Ablauf des

Ausschließlichkeitsbindung

HV-Vertrages, sofern der HV bereits zu diesem Zeitpunkt seine Tätigkeit eingestellt hatte und das Vertragsverhältnis im Zeitpunkt des Abschlusses der Abfindungsvereinbarung tatsächlich schon beendet war (BGH a. a. O.).

Frist: Der Ausgleichsanspruch ist innerhalb eines Jahres nach Beendigung des Vertragsverhältnisses geltend zu machen. Für Verträge, die bereits vor dem 1. 1. 1990 abgeschlossen waren und an diesem Tag noch bestanden, gilt bis zum Ablauf des Jahres 1993 weiterhin die bisherige Gesetzesfassung, wonach der Ausgleichsanspruch innerhalb von *drei Monaten* nach Beendigung des Vertragsverhältnisses geltend zu machen ist. *Form:* Die Geltendmachung des Ausgleichsanspruches innerhalb der genannten Frist kann formlos erfolgen, etwa durch Schreiben des HV an den Unternehmer. Gerichtliche Geltendmachung ist nicht erforderlich. Ebenso bedarf es keiner Bezifferung des Anspruches. *Zeitpunkt:* Auch die Geltendmachung des Ausgleichsanspruches vor Vertragsende genügt, etwa im Kündigungsschreiben des HV (BGHZ 40, 18). Wird der Anspruch vom Unternehmer anerkannt, ohne daß dieser vom HV bereits geltend gemacht wurde, bedarf es nicht der Einhaltung der genannten Frist um den Anspruch geltend zu machen. *Auskunft:* In der Regel hat der HV keinen Anspruch auf Auskunft über die in den letzten fünf Jahren gezahlten Provisionen, sofern er sich die Höhe dieser Beträge aus den eigenen Unterlagen beschaffen kann. Ebenso besteht kein Anspruch auf Auskunft über Provisionsansprüche, die der HV hat verjähren lassen (BGH, NJW 1982, 236).

Verjährung: Ausgleichsansprüche verjähren in vier Jahren nach Beendigung des HV-Vertrages (§ 88, § 89b I).

Auskunfts- und Rechenschaftspflicht des HV. Der HV hat dem Unternehmer die erforderlichen Nachrichten zu geben, auf Verlangen über den Stand des Geschäfts Auskunft zu erteilen und nach Ausführung des Auftrages Rechenschaft abzulegen (§§ 86 HGB, 675, 666 BGB). Diese Regelung paßt auf den Vertragshändler und den Franchisenehmer aufgrund der bestehenden rechtlichen und wirtschaftlichen Selbständigkeit nicht.

Ausschließlichkeitsbindung. Ausschließlichkeitsbindungen, wonach der HV exklusiv an Erzeugnisse eines bestimmten Unternehmers gebunden wird, sind grundsätzlich zulässig (BGHZ

Ausschließlichkeitsbindung

52, 173). Gleiches gilt (nach der EG-Verordnung Nr. 123/85[1]) für → Vertragshändler im KFZ-Vertrieb sowie für → Franchisenehmer (EWG/VO Nr. 4087/88[2]). Für den Bezug von Ersatzteilen des Vertragshändlers vom Hersteller sieht Artikel 3 Nr. 4 der Verordnung 123/85 für den Automobilvertrieb grundsätzlich vor, daß der Händler in Bezug und Vertrieb von Ersatzteilen, die den gleichen Qualitätsstandard wie die Originalteile aufweisen, grundsätzlich frei sind. Der Hersteller kann jedoch verlangen, daß bei Garantie- und Kulanzarbeiten sowie bei Rückrufaktionen Originalersatzteile verwendet werden (Artikel 4 I Nr. 7 VO 123/85). Im übrigen kann der Hersteller den Händler verpflichten, bei Verwendung anderer Ersatzteile den Kunden darauf hinzuweisen, sofern auch Originalersatzteile vorhanden sind (Artikel 4 I Nr. 8 und 9 VO 123/85). Unangemessen nach § 9 AGBG dürfte dagegen das an den Franchisnehmer gerichtete Verbot sein, andere Waren zu beziehen und zu vertreiben, soweit diese Marken mit dem Franchising in keiner Beziehung stehen und auch sonst das Marken- und Qualitätsbild des Franchisegebers nicht gefährden (Wolf a. a. O. § 9 Randnummer F 114).

---

[1] Abgedruckt im Anhang dieses Buches unter Nr. 4
[2] Abgedruckt im Anhang dieses Buches unter Nr. 2

B

Befristung des Vertrages → Vertragsdauer

Bestätigungsschreiben. Unter Kaufleuten ist in Ansehung der Bedeutung und Wirkung von Handlungen und Unterlassungen auf die im Handelsverkehr geltenden Gewohnheiten und Gebräuche Rücksicht zu nehmen (so wörtlich § 346 HGB). Das kaufmännische Bestätigungsschreiben hält demgemäß nach Vorverhandlungen, die zumindest aus Sicht des Bestätigenden zum Vertragsschluß (unter kaufmännischen Bedingungen) geführt haben, den bereits formlos zustande gekommenen Vertrag gegenüber dem anderen Teil schriftlich fest. Das kaufmännische Bestätungsschreiben kann daher – wenn der Abschluß noch nicht perfekt war – das Ob und – soweit der Kern des formlos Vereinbarten unangetastet bleibt – das Wie eines Vertrages bestimmen; es beinhaltet für sich die Vermutung der Vollständigkeit und Richtigkeit seines Inhalts. Der Adressat eines Bestätigungsschreibens kann vortragen und muß im Bestreitensfalle beweisen, daß die Parteien zusätzliche, dem Bestätigungsschreiben nicht widersprechende Abreden getroffen haben (BGH, NJW 1964, 589).
   Lit.: Hopt HGB § 346 Annm. 3).

Bezirks- und Kundenkreisschutz. Nach § 87 II HGB hat der HV Anspruch auf Provision auch für die Geschäfte, die ohne seine Mitwirkung mit Personen seines Bezirkes oder seines Kundenkreises während des Vertragsverhältnisses abgeschlossen sind, *sofern* dem Handelsvertreter ein bestimmter Bezirk oder ein bestimmter Kundenkreis zugewiesen ist. Der Bezirksschutz umfaßt Geschäfte mit Kunden, die ihre Geschäftsniederlassung im Bezirk haben, auch bei Lieferungen außerhalb des Bezirkes (BGH, NJW 1958, 180). Nicht hierunter fallen Geschäfte mit Käufern außerhalb des Bezirkes, die an Personen innerhalb des Bezirkes weiterverkaufen, selbst wenn der Unternehmer diese Weiterverkaufsabsicht kennt (BGH BB 1960, 956). Bei Geschäften mit Zweigniederlassungen kommt es darauf an, ob diese nach außen aufgrund ihrer Entscheidungsfreiheit und Selbständigkeit als Besteller auftreten (BGH BB 1976, 1530; BGH BB

Bierlieferungsvertrag

1978, 1137). Ein Bezirks- und Kundenkreisschutz kann formfrei, aber auch in Allgemeinen Geschäftsbedingungen vereinbart werden. Beispiel: „Direkte und indirekte Geschäfte sind provisionspflichtig." Die Bezeichnung als →„Generalvertreter" ist hierfür nicht ausreichend (BGH BB 1970, 594). § 87 II HGB gilt für *Vertragshändler* grundsätzlich *nicht* entsprechend (BGH, NJW 1984, 2411). Eine hiervon zu trennende Frage ist, ob dem Vertragshändler untersagt werden kann, außerhalb seines Vertragsgebietes zu verkaufen. Diese Frage ist beispielsweise für den KFZ-Vertrieb in der EG-Verordnung 123/85[1] geregelt. Hiernach kann der Händler verpflichtet werden, außerhalb des Vertragsgebietes für den Vertrieb von Vertragswaren und ihnen entsprechenden Waren keine Niederlassungen oder Auslieferungslager zu unterhalten, sowie für Vertragswaren und ihnen entsprechende Waren keine Kunden zu werben (Artikel 3 Nr. 8 der VO). Der Vertragshändler kann auch verpflichtet werden Dritte nicht damit zu betrauen, außerhalb des Vertragsgebietes Vertragswaren und ihnen entsprechende Waren zu vertreiben oder Kundendienst für sie zu leisten. Auch im → *Franchising* ist die Zuweisung eines bestimmten Vertragsgebietes zulässig, insbesondere die Verpflichtung des Franchisenehmers, außerhalb des Vertragsgebietes für Waren oder Dienstleistungen, die Gegenstand der Franchise sind, keine Kunden zu werben (Artikel 2 der EG-Franchiseverordnung[2]).

Bierlieferungsvertrag. Bierlieferungsverträge mit einer Alleinbezugsvereinbarung können gegen das Verbot wettbewerbsbeschränkender Vereinbarungen nach Artikel 85 Abs. 1 EWG-Vertrag verstoßen. Hierbei ist neben anderen wirtschaftlichen und rechtlichen Begleitumständen zu berücksichtigen, daß auf dem relevanten Markt ein „Netz" gleichartiger Bierlieferungsverträge besteht. Der Bindungsgrad allein entscheidet nicht über den Wettbewerbsverstoß. Zu berücksichtigen ist neben dem Bestehen eines Netzes von Vereinbarungen auch, welche Größe und Bedeutung die an dem Vertrag beteiligten Unternehmen auf dem relevanten Markt besitzen. Die Voraussetzungen der Artikel 1 und 6 Abs. 1 der EG-Gruppenfreistellungsverordnung Nr. 1984/

---

[1] Abgedruckt im Anhang dieses Buches unter Nr. 4
[2] Abgedruckt im Anhang dieses Buches unter Nr. 2

Bierlieferungsvertrag

83 sind nicht erfüllt, wenn die von der Alleinbezugsverpflichtung erfaßten Getränke nicht im Vertragstext selbst aufgeführt sind, sondern vereinbarungsgemäß durch Bezugnahme auf die jeweils geltende Preisliste der Brauerei oder deren Tochtergesellschaften bestimmt werden (so ausdrücklich der Schlußantrag des Generalanwalts beim EuGH, WuW 1991, 198, 199 und EuGH WuW 1991, 417). Ein Bierlieferungsvertrag, der unter das Verbot des Artikel 85 Abs. 1 EWGV fällt, ohne die Voraussetzungen der EG-Gruppenfreistellungsverordnung Nr. 1984/83 zu erfüllen, bedarf zur Freistellung von diesem Verbot einer individuellen Unanwendbarkeitserklärung der Kommission gemäß Artikel 85 Abs. 3 EWGV und muß zu diesem Zweck bei der Kommission angemeldet werden. Aufgrund der ausschließlichen Befugnis der Kommission Artikel 85 Abs. 3 EWGV anzuwenden, darf das nationale Gericht nicht aufgrund dieser Bestimmung das Verbot des Artikel 85 Abs. 1 EWGV für unanwendbar erklären, wenn ein Vertrag einer Abweichung von den Voraussetzungen einer Gruppenfreistellungsverordnung aufweist. Stellt das nationale Gericht fest, daß ein Vertrag nicht unter das Verbot des Artikel 85 Abs. 1 EWGV fällt, so kann es den Vertrag für gültig erklären. Andernfalls kann es den Vertrag zumindest in denjenigen Teilen die für nichtig erklären, die mit Artikel 85 Abs. 1 EWGV unvereinbar sind. Das nationale Gericht hat auch die Möglichkeit zusätzliche Auskünfte bei der EG-Kommission einzuholen oder den Parteien Gelegenheit zu geben, den Vertrag bei der Kommission anzumelden.

C

Corporate Identity. Insbesondere Vertragshändler- und Franchiseverträge leben von einem einheitlichen Auftreten der Vertragshändler und Franchisenehmer unter einheitlichem Warenzeichen und unter Beachtung der vom Hersteller oder Franchisegeber herausgegebenen Identifikationsrichtlinien. Ein Verstoß gegen EG-Kartellrecht (Artikel 85 EWG-Vertrag) liegt hierin grundsätzlich nicht, zumal derartige Vereinbarungen ausdrücklich für den KFZ-Vertrieb freigestellt sind (Artikel 4 I Nr. 1 der „KFZ-Verordnung" 123/85[1] und auch in Artikel 1 der Franchiseverordnung[2] die „Benutzung eines gemeinsamen Namens oder Zeichens sowie die einheitliche Aufmachung der vertraglich bezeichneten Geschäftslokale" als zulässige Vereinbarung genannt sind.

---

[1] Abgedruckt im Anhang dieses Buches unter Nr. 4
[2] Abgedruckt im Anhang dieses Buches unter Nr. 2

D

Delkredere-Haftung → Delkredere-Provision

Delkredere-Provision. Verpflichtet sich ein HV, für die Erfüllung der Verbindlichkeit aus einem Geschäft einzustehen, so kann er eine besondere Vergütung beanspruchen. Diese ist die Delkredere-Provision. Die Verpflichtung kann nur für ein bestimmtes Geschäft oder für solche Geschäfte mit bestimmten Dritten übernommen werden, die der HV vermittelt oder abschließt. Die Übernahme bedarf der Schriftform, der Anspruch auf Delkredere-Provision kann nicht im voraus ausgeschlossen werden. Die *Delkredere-Haftung* des HV tritt nicht ein, wenn dieser die Kreditwürdigkeit des Kunden, dem er Kredit einzuräumen empfiehlt, sorgfältig geprüft hat. Hat der HV dagegen seine Prüfungspflicht verletzt, so haftet er dem Unternehmer für den Schaden, den dieser durch das Eingehen auf das Geschäft erleidet. Hat hingegen der HV das Delkredere übernommen, so haftet der HV weitergehend auf die Erfüllung der Verbindlichkeit des Geschäftsgegners. Rechtlich ist die Übernahme des Delkredere eine Bürgschaft, ein Garantievertrag oder Schuldbeitritt. Der neben den Anspruch auf Provision für Vermittlung oder Abschluß des Geschäftes tretende besondere Anspruch auf Delkredere-Provision richtet sich nach der Üblichkeit (§ 87b HGB gilt entsprechend). Der Anspruch auf Delkredere-Provision entsteht mit dem Abschluß des Geschäftes, aus dem die garantierte Verpflichtung erwächst. Hat der Unternehmer oder der Dritte seine Niederlassung (oder beim Fehlen einer solchen seinen Wohnsitz) im Ausland, so besteht weder eine Delkredere-Haftung noch ein Anspruch auf Delkredere-Provision.

Das gleiche gilt für Geschäfte, zu deren Abschluß und Ausführung der HV unbeschränkt bevollmächtigt ist (§ 86b III HGB). In diesem Fall kann der HV rechtlich und wirtschaftlich sein Risiko frei bestimmen, so daß ihm die Übernahme eines Delkredere, an dem der Unternehmer ein besonderes wirtschaftliches Bedürfnis hat, nicht erschwert werden soll (BGH BB 1982, 2009).

Direktvertrieb

Direktvertrieb. Grundsätzlich darf der Hersteller seine Ware auch direkt vertreiben, selbst wenn hierdurch Vertragshändler des Herstellers wirtschaftlichen Schaden erleiden. Der systematische Direktvertrieb eines Herstellers an Fachhändler in einem Gebiet, das er langfristig einem Vertragshändler übertragen hat, und zu Preisen, die der Vertragshändler aufgrund seiner Kostenstruktur nicht zu bieten vermag, kann aber je nach den Umständen des Falles gegen Treu und Glauben verstoßen und damit unzulässig sein (OLG München, WuW 1991, 239).

E

EG-Recht → Gruppenfreistellungsverordnungen

Eigenhändler → Vertragshändler

Einfirmenvertreter. HV, die vertraglich nicht für weitere Unternehmen tätig werden dürfen oder denen dies nach Art und Umfang der von ihm verlangten Tätigkeit nicht möglich ist (§ 92a I HGB) sind Einfirmenvertreter. Hierunter können auch juristische Personen oder Personengemeinschaften fallen. Ansprüche dieser HV gegen den Unternehmer sind vor den *Arbeitsgerichten* geltend zu machen, wenn in den letzten Vertragsmonaten nicht mehr als DM 2000 bezogen wurde. Entscheidend sind die unbedingt entstandenen und nicht später wieder entfallenen Provisionsansprüche. Vorschüsse sind nicht zu berücksichtigen (§ 5 I 2 ArbGG).

Erfüllungsort. Erfüllungsort ist der Ort, an dem der Schuldner die Leistungshandlung vorzunehmen hat (§ 269 BGB). Zu unterscheiden ist davon der Ort, an dem der Leistungserfolg eintritt (Bestimmungsort).

Ersatz von Aufwendungen. Macht der Beauftragte zum Zwekke der Ausführung des Auftrages Aufwendungen, die er den Umständen nach für erforderlich halten darf, so ist ihm der Auftraggeber zum Ersatz verpflichtet (§ 670 BGB). Dies gilt für den HV nur mit der Einschränkung, daß die Aufwendungen im regelmäßigen Geschäftsbetrieb entstanden sein und (zudem) handelsüblich sein müssen (§ 87d HGB). Grundsätzlich trägt daher der HV seine im regelmäßigen Geschäftsbetrieb entstandenen Aufwendungen selbst. Der Unternehmer soll nur mit der nach dem Erfolg der Vermittlung bemessenen Provision belastet werden.
  Aufgrund des Prinzips der eigenen Risikotragung kommt im → Vertragshändlerrecht und im → Franchising ein Aufwendungsersatzanspruch gegen den Unternehmer grundsätzlich nicht in Betracht.

Exportverbot → Graumarkt

F

Franchise. Franchise ist eine Gesamtheit von Rechten an gewerblichem oder geistigem Eigentum (wie Warenzeichen, Handelsnamen, Ladenschilder, Gebrauchsmuster, Geschmacksmuster, Urheberrechte, Know-how oder Patente), die zum Zwecke des Weiterverkaufs von Waren oder der Erbringung von Dienstleistungen an Endverbraucher genutzt wird (so Artikel 1 Abs. 3a der EG-Franchiseverordnung[1]). Entsprechend ihrem jeweiligen Gegenstand sind verschiedene Arten von Franchisen voneinander zu unterscheiden. Industrielle Franchisen beziehen sich auf die Herstellung von Erzeugnissen, Vertriebsfranchisen auf den Warenvertrieb und Dienstleistungsfranchisen auf die Erbringung von Dienstleistungen. Franchisevereinbarungen, in denen es einer der Vertragspartner übernimmt, an Endverbraucher Waren zu liefern oder Dienstleistungen zu bringen, sind in einer EG-Gruppenfreistellungsverordnung geregelt. Vereinbarungen über die Vergabe industrieller Franchisen sind dagegen aus dieser Verordnung ausgenommen, da derartige Vereinbarungen gewöhnlich die Beziehungen zwischen Herstellern betreffen und sich daher von den übrigen Franchisen unterscheiden. Ebenfalls aus dieser Verordnung ausgenommen sind Großhandelsfranchisen, da nach Auffasung der EG-Kommission insoweit noch keine ausreichenden Erfahrungen vorliegen. Die Verordnung geht grundsätzlich von einem positiven Verständnis der Franchisevereinbarungen aus und erklärt, daß hierdurch in aller Regel der Warenabsatz und/oder die Erbringung von Dienstleistungen verbessert wird. Positiv wird für das Franchising hervorgehoben, daß hierdurch dem Franchisegeber ermöglicht wird, mit begrenzten finanziellen Vorleistungen ein einheitliches Franchisenetz aufzubauen. Somit wird der Marktzutritt neuer Anbieter, insbesondere kleiner und mittlerer Unternehmen, erleichtert und der Wettbewerb zwischen Erzeugnissen verschiedener Hersteller verstärkt. Der einheitliche Charakter des Franchising und die ständige Zusammenarbeit zwischen dem Franchisegeber und dem Franchisenehmer sichern auch die gleichbleibende Qualität der

---

[1] Abgedruckt im Anhang dieses Buches unter Nr. 2

Franchise

Waren und Dienstleistungen. Die EG-Kommission weist bereits in den Vorbemerkungen zur Verordnung darauf hin, daß die dem Franchisenehmer eingeräumte Gebietsausschließlichkeit sowie das dem Franchisenehmer auferlegte Verbot der aktiven Kundenwerbung außerhalb seines Gebietes gerechtfertigt sind, um die Franchisenehmer zu veranlassen, ihre Absatzbemühungen auf das Vertragsgebiet zu konzentrieren. Dem entspricht die Verpflichtung des Franchisenehmers, mit Dritten außerhalb seines Gebietes keine Franchisevereinbarungen abzuschließen. Soweit Franchisenehmererzeugnisse, die vom Franchisegeber oder nach seinen Anweisungen hergestellt und/oder mit seinem Warenzeichen versehen sind, verkauft oder bei der Erbringung von Dienstleistungen benutzt werden, können sie verpflichtet werden, keine mit diesen im Wettbewerb stehenden Erzeugnisse zu verkaufen oder bei der Erbringung von Dienstleistungen zu benutzen. Nur so läßt sich ein einheitliches Franchisenetz errichten, das mit den Erzeugnissen des Franchisegebers identifiziert wird. Anders nur im Falle von Zubehör und Ersatzteilen. Die Verordung will auch sicherstellen, daß Paralleleinfuhren möglich bleiben. Querlieferungen zwischen Franchisenehmern müssen daher jederzeit vorgenommen werden können. Falls neben dem Franchisenetz ein Vertriebsnetz besteht, müssen die Franchisenehmer die Vertragswaren auch von den zugelassenen Vertriebshändlern beziehen können. Um den Verbraucher aufzuklären, hat der Franchisenehmer seine Rechtsstellung als unabhängiger Unternehmer (Verkauf im eigenen Namen und auf eigene Rechung) in geeigneter Weise bekanntzugeben. Hierdurch soll die Einheitlichkeit des Franchisenetzes nicht beeinträchtigt werden. Sofern der Franchisenehmer für Erzeugnisse des Franchisegebers Garantieleistungen zu erbringen hat, muß diese Verpflichtung auch dann gelten, wenn die betreffenden Erzeugnisse vom Franchisegeber, von anderen Franchisenehmern oder von sonstigen zugelassenen Händlern geliefert wurden (so – zum Teil wörtlich – die Erwägungsgründe der EG-Kommission zur Verordnung).

Franchisevereinbarungen werden nach der Verordnung (Artikel 1 Abs. 3b) definiert als Vereinbarungen, in denen ein Unternehmen, der Franchisegeber, es einem anderen Unternehmen, dem Franchisenehmer, gegen unmittelbare oder mittelbare finanzielle Vergütung gestattet, eine Franchise zum Zwecke der Vermark-

Franchise

tung bestimmter Waren und/oder Dienstleistungen zu nutzen. Sie müssen folgendes enthalten:
– Die Benutzung eines gemeinsamen Namens oder Zeichens sowie die einheitliche Aufmachung der vertraglich bezeichneten Geschäftslokale und/oder Transportmittel,
– die Mitteilung von Know-how durch den Franchisegeber an den Franchisenehmer sowie eine fortlaufende kommerzielle oder technische Unterstützung des Franchisenehmers durch den Franchisegeber während der Laufzeit der Vereinbarung (Artikel 1 Abs. 3b der Verordnung).

Hauptfranchisevereinbarungen sind Vereinbarungen, in denen ein Unternehmer, der Franchisegeber, es einem anderem Unternehmen, dem Franchisenehmer, gegen unmittelbare oder mittelbare finanzielle Vergütung gestattet, eine Franchise zum Zwecke des Abschlusses von Franchisevereinbarungen mit dritten Unternehmen, den Franchisenehmern zu nutzen. Waren des Franchisegebers sind Erzeugnisse, die vom Franchisegeber oder nach dessen Anweisungen hergestellt und/oder mit dessen Namen oder Warenzeichen gekennzeichnet sind.

Vertraglich bezeichnete Geschäftslokale sind die für die Nutzung der Franchise bestimmten Räumlichkeiten oder, wenn die Franchise außerhalb eines solchen Geschäftslokals genutzt wird, der Standort, von dem aus die Franchisenehmer die für die Nutzung der Franchise bestimmten Transportmittel einsetzen. „Know-how" ist eine Gesamtheit von nicht patentierten praktischen Kenntnissen, die auf Erfahrungen des Franchisegebers sowie Erprobungen durch diesen beruhen und die geheim, wesentlich und identifiziert sind. Die genauen Begriffsmerkmals hierzu sind in Artikel 1 Abs. 3g bis i der Verordnung definiert. Die im einzelnen wettbewerbsrechtlich zulässigen Vereinbarungen sind in Artikel 2 bis 8 der Verordnung im einzelnen aufgeführt und werden im *Anhang dieses Buches unter Nr. 2* abgedruckt. Die EG-Franchiseverordnung geht in vielerlei Hinsicht weiter als die EG-Verordnung zum KFZ-Vertrieb (123/85[1]). Sie enthält insbesondere keine Vorschriften über Mindestlaufzeiten, Befreiung vom Konkurrenzverbot, Änderung des Vertragsgebietes oder Rabattstruktur.

Weitergehende Beschränkungen sind insbesondere im Zubehör- und Gebrauchtwagenbereich möglich. Die EG-Franchise-

---

[1] Abgedruckt im Anhang diese Buches unter Nr. 4

verordnung gilt bis 31. 12. 1999 , die EG-KFZ-Verordnung bis 30. 6. 1995.

Lit.: Allgemein Martinek ZIP 1988, 1362; Skaupy a. a. O.; zur Franchisverordnung: Sauter, WUW 1989, 284; Weltrich, RIW 1989, 90; zur AGB-Kontrolle: Beck-Rechtsberater im dtv Nr. 5066 → Franchise; Ekkenga, Die Aktiengesellschaft, 1989, 301.

Forschung und Entwicklung. Vereinbarungen zwischen Unternehmen über gemeinsame Forschungs- und Entwicklungsvorhaben können insbesondere gegen Artikel 85 EWG-Vertrag verstoßen, wenn sie den Handel zwischen den Mitgliedsstaaten zu beeinträchtigen geeignet sind und eine Verhinderung, Einschränkung oder Verfälschung des Wettbewerbs innerhalb des gemeinsamen Marktes bezwecken oder bewirken. Um den technischen und wirtschaftlichen Fortschritt zu fördern ist eine Gruppenfreistellungsverordnung der EG-Kommission erlassen worden, in der mit der Gruppenfreistellungsverordnung übereinstimmende Vereinbarungen vom Kartellverbot des Artikel 85 EWG-Vertrag freigestellt werden. Freigestellt sind hiernach Vereinbarungen über gemeinsame Forschung und Entwicklung von Erzeugnissen oder Verfahren, sowie die gemeinsame Verwertung der dabei erzielten Ergebnisse oder auch Vereinbarungen über die gemeinsame Verwertung der Ergebnisse gemeinsamer Forschung und Entwicklung von Erzeugnissen oder Verfahren, die von denselben Unternehmen aufgrund einer vorher mit ihnen geschlossenen Vereinbarung durchgeführt worden ist oder (3. Fall) Vereinbarungen über gemeinsame Forschung und Entwicklung von Erzeugnissen oder Verfahren unter Ausschluß der gemeinsamen Verwertung der Ergebnisse, soweit diese Vereinbarung unter das Verbot des Artikel 85 Abs. 1 EWG-Vertrag fallen (im einzelnen: Verordnung Nr. 418/85 der EG-Kommission vom 19. 12. 1984, Abdruck etwa bei Wiedemann, Kommentar Band 1, Seite 189; Bunte-Sauter, EG-Gruppenfreistellungsverordnungen, Seite 444).

Lit.: Neben den genannten Kommentaren Möschel, RIW 1985, 261; Wissel, WuW 1985, 772 ff.

Form des Vertriebsvertrages. Der HV-Vertrag ist grundsätzlich formfrei und kann auch konkludent (durch schlüssiges Ver-

Fremdprodukte

halten) geschlossen werden (BGH BB 1987, 220). Beispiel hierfür ist eine wiederholte Geschäftsvermittlung durch den HV und der jeweilige Abschluß des so vermittelten Geschäftes durch den Unternehmer. Ist über die Höhe eines auf den Ausgleichsanspruch anzurechnenden Übernahmepreises für die Handelsvertretung noch keine Einigkeit erzielt worden, spricht dies nicht notwendig gegen einen Vertragsschluß (BGH, NJW 1983, 1727). Jeder Teil kann jedoch verlangen, daß der Inhalt des Vertrages sowie spätere Vereinbarungen zu dem Vertrag in eine vom anderen Teil unterzeichnete Urkunde aufgenommen werden. Dieser Anspruch kann nicht ausgeschlossen werden (§ 85 HGB). Die Verweigerung der Niederschrift kann während eines bestehenden Vertrages einen Grund zur außerordentlichen Kündigung darstellen und den schuldigen Teil ersatzpflichtig machen (§ 89a HGB). Durch diese unberechtigte Weigerung kann das gegenseitige Vertrauen unzumutbar beeinträchtigt werden. Der *Vertragshändlervertrag* sowie das *Franchising* bedürfen dagegen für die Wirksamkeit des Vertrages der Schriftform (§ 34 GWB). Hiernach ist eigenhändige Unterzeichnung der Urkunde und beigefügter Anlagen, soweit sie nicht fest mit der Vertragsurkunde verbunden sind, zu verlangen (BGH GRUR 1985, 988, 991). Empfehlenswert ist insoweit beiderseitige Unterzeichnung auf einer Urkunde. Unter besonderen Umständen kann auch ein Briefwechsel genügen (BGH GRUR 1968, 219). Die Nichteinhaltung der Schriftform führt in den genannten Fällen zur Nichtigkeit des gesamten Vertrages (BGH, NJW 1976, 1743). Sich auf die Formnichtigkeit zu berufen, verstößt in der Regel auch nicht gegen Treu und Glauben.

Fremdprodukte → Ausschließlichkeitsbindungen

Fusionskontrolle → Kartellverträge → Joint Ventures.

G

Gebietsschutz → Bezirks- und Kundenkreisschutz

Gelegenheitsagent. Der Handelsvertretervertrag ist ein Dauerschuldverhältnis. *Kein* Handelsvertreter ist daher der Gelegenheitsagent. Das von einem Gelegenheitsagenten vermittelte Geschäft unterliegt lediglich dem Werkvertrags- oder Auftragsrecht des BGB. Auch kann eine gewerbliche Tätigkeit vorliegen (Anwerbungsbüro für Musiker, Schauspieler, Artisten, Detektive o. a.).

Gemeinschaftsunternehmen → Kartellverträge

Generalvertreter. Häufig finden sich auch mehrstufige Handelsvertreterverhältnisse, einerseits zwischen einem General- und einen Hauptvertreter und andererseits zwischen einem Haupt- und einem Untervertreter. Auch insoweit findet Handelsvertreterrecht Anwendung (BGHZ 91, 373). Der Hauptvertreter kann jedoch für ein Verschulden des Untervertreters gegenüber dem Generalvertreter schadensersatzpflichtig werden, weil der Untervertreter Erfüllungsgehilfe des Hauptvertreters ist (§ 278 BGB).

Gerichtsstand. Ein besonderer Gerichtsstand für Handelsvertreter besteht nicht. Vielmehr gelten die allgemeinen Vorschriften der ZPO. Nach § 17 ZPO ist allgemeiner Gerichtsstand der im einzelnen aufgeführten Gesellschaften ihr Sitz. § 21 ZPO eröffnet unter bestimmten Voraussetzungen den Gerichtsstand der Niederlassung, § 22 ZPO den der Mitgliedschaft, § 29 ZPO den des Erfüllungsortes und § 30 ZPO den des Meß- und Marktortes. Gerichtsstandvereinbarungen sind unter Vollkaufleuten möglich (§ 38 Abs. 1 ZPO). Für Schiedsverträge, die zwischen den Parteien ausdrücklich und schriftlich zu vereinbaren sind, gelten die §§ 1025 ff. ZPO.

Geschäfts- und Betriebsgeheimnisse → Handelsvertreter

Geschäftsunfähigkeit

Geschäftsunfähigkeit → Tod und Geschäftsunfähigkeit

Gleichbehandlungsgrundsatz. Das Vertriebsrecht kennt keinen allgemeinen Grundsatz der Gleichbehandlung verschiedener Handelsvertreter, Vertragshändler und Franchisenehmer. Lediglich unter bestimmten Voraussetzungen greift das Diskriminierungsverbot von § 26 Abs. 2 GWB ein; diese Vorschrift hat folgenden Wortlaut:
„Marktbeherrschende Unternehmen, Vereinigungen von Unternehmen im Sinne der §§ 2–8, 99 Abs. 1 Nr. 1 und 2 sowie Abs. 2, § 100 Abs. 1 und 7, §§ 102 bis 103 und Unternehmen, die Preise nach den §§ 16, 100 Abs. 3 oder 103 Abs. 1 Nr. 3 binden, dürfen ein anderes Unternehmen in einem Geschäftsverkehr, der gleichartigen Unternehmen üblicherweise zugänglich ist, weder unmittelbar noch mittelbar unbillig behindern oder gegenüber gleichartigen Unternehmen ohne sachlich gerechtfertigten Grund unmittelbar oder mittelbar unterschiedlich behandeln. Satz 1 gilt auch für Unternehmen und Vereinigungen von Unternehmen, soweit von ihnen kleine oder mittlere Unternehmen als Anbieter oder Nachfrager einer bestimmten Art von Waren oder gewerblichen Leistungen in der Weise abhängig sind, daß ausreichende und zumutbare Möglichkeiten, auf andere Unternehmen auszuweichen, nicht bestehen. Es wird vermutet, daß ein Anbieter einer bestimmten Art von Waren oder gewerblichen Leistungen von einem Nachfrager abhängig im Sinne des Satzes 2 ist, wenn dieser Nachfrager bei ihm zusätzlich zu den verkehrsüblichen Preisnachlässen oder sonstigen Leistungsentgelten regelmäßig besondere Vergünstigungen erlangt, die gleichartigen Nachfragern nicht gewährt werden."

Schon der Wortlaut dieser Bestimmung zeigt, wie komplex die hierin geregelten Fallgruppen sind. Beispiele: Die Kündigung eines Vertragshändler- oder Franchisevertrages durch Hersteller oder Franchisegeber kann gegen § 26 Abs. 2 GWB verstoßen, wenn kein sachlicher Grund der Kündigung zugrundeliegt (BGH GRUR 1988, 642 – Opel Blitz). Eine unbillige Behinderung kann sich für einen ausgeschiedenen Handelsvertreter durch Nichtbelieferung mit Ersatzteilen für während der Vertragsdauer von ihm vertriebenen Geräte ergeben, auch wenn der Handelsvertreter nunmehr Konkurrenzerzeugnisse vertreibt (BGH BB 1989, 1575). Auch kann der Ausschluß des Selbstbedienungsgroßhandels von der Belieferung eine sachlich nicht gerechtfertigte Ungleichbehandlung darstellen (BGH GRUR 1979, 79, 70); s. aber → Selektiver Vertrieb. Gleiches gilt für den Ausschluß von der Herstellergarantie (BGH GRUR 1988, 327). Ein Verstoß gegen das Diskriminierungsverbot kann zu einem Einschreiten der Kartellbehörde (§ 37a Abs. 2 GWB) führen. Ein Gebot der Weiterbelieferung kann hierbei jedoch von der Kartellbehörde nicht ausgesprochen werden (BGH NJW 1975, 1282). Ein Verstoß gegen § 26 GWB kann ferner eine Ordnungswidrigkeit begründen (§ 38 Abs. 1 Nr. 8 GWB). Und am wichtigsten: Der Verletzte kann Ansprüche auf Unterlassung, Beseitigung, Schadensersatz und unter Umständen auch auf Vertragsneuabschluß und Weiterbelieferung geltend machen (BGH GRUR 1989, 774, 776 – Lotteriebezirksstelle). S. a. → Selektiver Vertrieb.

Graumarkt. In Vertragshändlerverträgen wird dem Händler durch den Hersteller vielfach untersagt, Vertragsware an nicht der Vertriebsorganisation angehörige Wiederverkäufer zu veräußern. Eine Ausnahme gelte nur dann, soweit diese Abnehmer Originalteile selbst zu Reparaturzwecken verwenden. Diese Wettbewerbsbeschränkung → selektiver Vertriebssysteme wird durch die → Gruppenfreistellungsverordnung zum KFZ-Vertrieb ausdrücklich ermöglicht (Artikel 3 Nr. 10a und Artikel 3 Nr. 10b Verordnung Nr. 123/85[1]). Die Rechtsprechung schützt selektive Vertriebssysteme gegen Angriffe außerhalb des Vertrages stehender Dritter jedoch nicht uneingeschränkt. In der Rechtsprechung anerkannt sind die Fallgruppen des Schleichbezuges, der Verleitung zum Vertragsbruch und der Ausnutzung fremden Vertragsbruches. Auch ohne Nachweis der Lückenlosigkeit der Vertriebsbindung ist es wettbewerbswidrig, wenn sich der Außenseiter die Ware auf unlauterem Schleichweg, insbesondere durch Vorschieben eines Mittelmannes, unter Verheimlichung des wahren Abnahmers beschafft (BGHZ 40, 135, 138; BGH WRP 1988, 734 → PKW Schleichbezug). Es widerspricht den kaufmännischen Sitten, wenn ein vom Hersteller in Ausübung seines insoweit grundsätzlich freien und schützenswerten Rechts zur Wahl seiner Vertriebsweise geschaffenes und durch Verträge grundsätzlich auf Lückenlosigkeit angelegtes

---

[1] Abgedruckt im Anhang dieses Buches unter Nr. 4.

Graumarkt

Vertriebssystem mit dem Mittel der Täuschung um die beabsichtigte Wirkung gebracht werden soll (Schleichbezug). Beschränkt sich der Außenseiter nicht auf den bloßen Ankauf der Ware, sondern wirkt er bewußt darauf hin, daß ein gebundener Händler vertragsbrüchig wird, so ist dieses Verhalten wettbewerbswidrig, wenn das mißachtete Bindungssystem lückenlos war. Unerheblich ist, ob der Außenseiter planmäßig vorgeht und durch sein Verhalten einen Vorsprung vor seinen Mitbewerbern erlangen will oder erlangt. Unerheblich ist auch, ob der gebundene Händler ohnehin zum Vertragsbruch entschlossen ist. Der Außenseiter braucht keine Kenntnis von der Vertriebsbindung zu haben; ausreichend ist, daß der Außenseiter die Verletzung einer Vertriebsbindung billigend in Kauf nimmt (Verleitung zum Vertragsbruch; z. B. BGHZ 37, 30, 33). Im Gegensatz zu den beiden vorgenannten Fallgruppen ist das Beschaffen einer Ware durch Ausnutzung fremden Vertragsbruches nicht ohne weiteres unlauter. Insoweit müssen besondere Umstände hinzutreten, die das Ausnutzen des Vertragsbruches durch einen Außenseiter als wettbewerbswidrig erscheinen lassen (BGHZ 37, 30, 33). Dies ist der Fall wenn bei praktischer und theoretischer Lückenlosigkeit der Vertriebsbindung sich der Außenseiter durch den Verkauf der unter Ausnutzung fremden Vertragsbruchs verschaffenen Waren einen (ungerechtfertigten) Vorsprung vor seinen Mitbewerbern verschaffen will, die ihrerseits die Vertriebsbindung beachten (Ausnutzung fremden Vertragsbruchs).

Eine *Anfechtung* des zwischen dem Vertragshändler und dem Wiederverkäufer geschlossenen Kaufvertrags *wegen Irrtums oder arglistiger Täuschung* kommt nur im Falle des Schleichbezuges in Betracht. Die Wiederverkäufereigenschaft des Käufers ist eine verkehrswesentliche Eigenschaft nach § 119 Abs. 2 BGB; darüber hinaus liegt zumeist eine arglistige Täuschung nach § 123 BGB vor. Der Käufer ist nämlich zur Aufklärung über seine Verwendungsabsichten verpflichtet; schweigt er hierüber, so kann der verkaufende Händler grundsätzlich von einer Eigennutzung des Käufers ausgehen (OLG Bremen vom 14. 12. 1988, Az: 13 O 231/88; OLG Düsseldorf vom 13. 12. 1990, Az: 6 U 91/90). Ebenso kann der vertriebsbindende Hersteller gegen den Außenseiter vorgehen und auf Unterlassung, Auskunft und Schadensersatz klagen. Dem Außenseiter steht der Nachweis offen, er habe nicht Neufahrzeuge, sondern Gebrauchtfahrzeuge weiterverkauft. In diesem Fall liegt kein Angriff auf die Vertriebsbindung des Herstellers vor, die sich nur auf Neufahrzeuge bezieht. Allerdings ist der vertriebsrechtliche Begriff des Neufahrzeuges nicht identisch mit dem kaufrechtlichen Begriff. Insbesondere die Veräußerung von Fahrzeugen mit (Tages-) Zulassung oder nach wenigen gefahrenen Kilometern ist *vertriebsrechtlich* eine Veräußerung von Neufahrzeugen (OLG München vom 11. 10. 1990, Az: 29 U 2151/90). Bei der Tageszulassung handelt es sich lediglich um eine Scheinzulassung, die für den begangenen Wettbewerbsverstoß irrelevant bleibt. Da die Rechtsprechung grundsätzlich Graumarktklauseln mit einer Haltedauerverpflichtung bis zu sechs Monaten billigt (BGH NJW 1981, 117; NJW 1982, 178, OLG Köln vom 20. 02. 1990, Az: 22 U 165/89), hat der Vertriebsbinder für diesen Zeitraum grundsätzlich ein anerkennenswertes Interesse daran, einen „grauen Markt" zu verhindern.

Die *Lückenlosigkeit der Vertriebsbindung*, d.h. die theoretische Lückenlosigkeit des Vertriebsbindungssystems und dessen praktische Durchführung, sind in zweierlei Hinsicht bedeutsam: Als *Tatbestandsmerkmal* der Fallgruppen → Verleitung zum Vertragsbruch und → Ausnutzung fremden Vertragsbruches (nicht dagegen der Fallgruppe des Schleichbezuges) sowie als *Beweisvermutung*. Hat der vertriebsbindende Hersteller die praktische Lückenlosigkeit seines Vertriebsbindungssystems und dessen praktische Durchführung dargelegt (und im Falle substantiierten Bestreitens auch nachgewiesen), so wird vermutet, daß der Wiederverkäufer als Außenseiter die von ihm verkaufte, aus der Produktion des Herstellers stammende vertriebsgebundene Ware nur durch Verleitung zum Vertragsbruch, auf Schleichwegen oder durch Ausnutzung fremden Vertragsbruches erworben haben kann (BGHZ 40, 135, 140). Ein Vorgehen gegen (zulässigerweise) im Ausland tätige Wiederverkäufer setzt voraus, daß der Hersteller auch in den Ländern, in denen der Wiederverkäufer nicht gegen Wettbewerbsrecht verstößt, praktisch in der Lage ist, einen Verkauf an Wiederverkäufer zu unterbinden (BGH GRUR 1989, 832). Der Anschein der praktischen Lückenlosigkeit wird durch einzelne Fehlschläge nicht entkräftet (OLG Köln WRP 1989, 336, 339; BGH vom 7. 2. 1991, I ZR 104/89 = BB 1991, 791). Für Fragen der praktischen Lückenlosigkeit kommt es jedoch auf die tatsächlich gegebenen Marktverhältnisse an. Lückenhaft im Rechtssinne

Gruppenfreistellungsverordnungen

ist ein Verkaufssystem immer dann, wenn gebunde Waren auf dem Markt über unvermeidbare Einzelfälle hinaus auch außerhalb des Systems erhältlich sind; denn bereits dann ist die Lage gegeben, in der es Dritten, vor allem dem selbst nicht vertraglich gebundenen Außenseiter, nicht mehr zumutbar ist, die Vertriebsbindung zu respektieren (BGH a. a. O.). Die vorstehend aufgezeigten Grundsätze gelten auch dann, wenn ein Vermittler wie ein autorisierter Wiederverkäufer auftritt und eine dem Wiederverkauf gleichzusetzende Tätigkeit entfaltet. Auch „Reimporte" stellen den Anschein praktischer Lückenlosigkeit grundsätzlich nicht in Frage. Vielfach handelt es sich bei Reimporteuren jedoch nicht um Vermittler die im Rahmen der Gruppenfreistellungsverordnung für den KFZ-Vertrieb zulässigerweise tätig werden, sondern um Verkäufer, die entgegen einem Vermittlungsgeschäft kaufrechtliche Risiken übernehmen (S. a. →selektiver Vertrieb).

Gruppenfreistellungsverordnungen. Nach Artikel 85 Abs. 3 EWG-Vertrag kann das Verbot wettbewerbsbeschränkender Vereinbarungen nach Artikel 85 Abs. 1 EWGV auch auf ganze Gruppen von Vereinbarungen, Beschlüssen und aufeinander abgestimmten Verhaltensweisen für nicht anwendbar erklärt werden. Gruppenfreistellungsverordnungen sind daher eine allgemeine Befreiung vom Verbot des Artikel 85 Abs. 1 EWGV. Diese Verordnungen werden auf Vorschlag der Kommission und nach Anhörung der Versammlung (d. h. des europäischen Parlaments) vom Rat mit qualifizierter Mehrheit beschlossen. Üblicherweise ermächtigt der Rat die EG-Kommission nach Artikel 155 EWGV, die Einzelheiten der Gruppenfreistellungen festzulegen. Zweck der Gruppenfreistellungsverordnungen ist es, Rechtssicherheit für bestimmte, in der Praxis häufige Vertragstypen zu schaffen und damit die Beantragung einer Einzelfreistellung in diesen Fällen zu erübrigen. Die EG-Kommission hat bisher knapp 15 GVOen erlassen, wobei zu erwähnen sind
- GVO Nr. 1983/83 vom 22. 6. 1983 über die Anwendung von Artikel 85 Abs. 3 des Vertrages auf Gruppen von *Alleinvertriebsvereinbarungen*[1];
- GVO Nr. 1984/83 vom 22. 6. 1983 über die Anwendung von

---

[1] Abgedruckt im Anhang dieses Buches unter Nr. 3

Gruppenfreistellungsverordnungen

Artikel 85 Abs. 3 des Vertrages auf Gruppen von *Alleinbezugsvereinbarungen*;
- GVO Nr. 2349/84 über die Anwendung von Artikel 85 Abs. 3 des Vertrages auf Gruppen von *Patentlizenzvereinbarungen*;
- GVO Nr. 123/85 über die Anwendung von Artikel 85 Abs. 3 des Vertrages auf Gruppen von *Vertriebs- und Kundendienstvereinbarungen über Kraftfahrzeuge*[1];
- GVO Nr. 417/85 der Kommission vom 19. 12. 1984 auf Gruppen von *Spezialisierungsvereinbarungen*;
- GVO Nr. 417/85 der Kommission vom 19. 12. 1984 über die Anwendung von Artikel 85 Abs. 3 des Vertrages auf Gruppen von *Vereinbarungen über Forschung und Entwicklung*;
- GVO Nr. 4087/88 der Kommission vom 30. 11. 1988 über die Anwendung von Artikel 85 Abs. 3 des Vertrages auf Gruppen von *Franchisevereinbarungen*[2];
- GVO Nr. 556/89 der Kommission vom 30. 11. 1988 zur Anwendung von Artikel 85 Abs. 3 des Vertrages auf Gruppen von *Know-how-Vereinbarungen*;

Vereinbarungen, Beschlüsse und Verhaltensweisen, die unter eine GVO fallen, sind automatisch vom Verbot des Artikel 85 Abs. 1 freigestellt, d. h. sie können grundsätzlich nicht nach nationalem oder EG-Kartellrecht beanstandet werden und nicht zum Gegenstand einer Bußgeldentscheidung der Kommission gemacht werden. Diese Freistellungswirkung setzt nicht voraus, daß die Vereinbarung bei der Kommission angemeldet wird. Sollen die durch eine GVO abgesteckten Freiräume überschritten werden, ist grundsätzlich zur Legalisierung von Wettbewerbsbeschränkungen eine Einzelfreistellung der EG-Kommission möglich. Die Freistellung der Gruppenfreistellungsverordnungen bezieht sich auf das Verbot nach Artikel 85 EWGV, wonach wettbewerbsbeschränkende Vereinbarungen, Beschlüsse und aufeinander abgestimmte Verhaltensweisen grundsätzlich unzulässig sind. Dagegen betrifft Artikel 86 EWGV den Mißbrauch einer marktbeherrschenden Stellung. Auch wenn beide Bestimmungen der Aufrechterhaltung eines wirksamen Wettbewerbs im gemeinsamen Markt dienen, sind sie grundsätzlich nebeneinander anwendbar. Dies bedeutet, daß grundsätzlich Wettbewerbsbe-

---

[1] Abgedruckt im Anhang dieses Buches unter Nr. 4
[2] Abgedruckt im Anhang dieses Buches unter Nr. 2

Gruppenfreistellungsverordnungen

schränkungen, die durch Gruppenfreistellungsverordnungen vom Verbot des Artikel 85 Abs. 1 EWGV freistellen, gegen Artikel 86 EWGV verstoßen können. Im Ergebnis werden jedoch GVO-konforme Vereinbarungen nicht als Mißbrauch einer marktbeherrschenden Stellung angesehen werden können, so daß ein Verstoß gegen Artikel 86 EWGV in der Regel ausscheidet. Eine Freistellung der Errichtung von *Gemeinschaftsunternehmen* erfolgt durch GVO's grundsätzlich nicht.

Hierdurch könnten ohnehin nur kooperative Gemeinschaftsunternehmen, auf die Artikel 85 EWGV anwendbar ist, freigestellt werden, nicht konzentrative Gemeinschaftsunternehmen, die nach der Fusionskontrollverordnung bzw. Artikel 86 EWGV kontrolliert werden. Bei einem Konflikt zwischen EWG-Recht, zu dem die GVO's zählen, und dem nationalen Kartellrecht setzt sich das Gemeinschaftsrecht durch (EuGH, AS 1964, 1251, 1266 – Costa, – ENEL). Umgekehrt bilden die Wettbewerbsregeln des EWG-Vertrages kein Hindernis nationales Kartellrecht durchzusetzen (Artikel 87 Abs. 1 iVm Abs. 2 e EWGV). Die Anwendung des nationalen Rechts darf aber die uneingeschränkte und einheitliche Anwendung des Gemeinschaftsrechts und die Wirksamkeit der zu ihrem Vollzug ergangenen Maßnahmen nicht beeinträchtigen. Einzelfreistellungsentscheidungen der Kommission haben generell Vorrang vor nationalen Verbotsmaßnahmen (Wiedemann, Kommentar Band 1, AT Randnummer 397). Da GVO's Einzelfreistellungsentscheidungen überflüssig machen, besteht auch ein genereller Vorrang der GVO's gegenüber dem nationalen Recht (so treffend Wiedemann a.a.O., Randnummer 404). Grundsätzlich anwendbar bleiben dagegen Vorschriften, wie etwa das →Diskriminierungsverbot nach § 26 Abs. 2 GWB, weil der hierin geregelte Sachverhalt in den GVO's nicht angesprochen ist (BGH GRUR 1977, 49; BMW-Direkthändler). Gleiches gilt für die Kontrolle mißbräuchlich überhöhter Preise (§ 22 Abs. 4 GWB) und eine Inhaltskontrolle nach dem AGB-Gesetz. S. a. →Franchise, KFZ-Vertrieb, Spezialisierung.

Lit.: Bunte-Sauter, a.a.O.; Wiedemann a.a.O.; von Gamm a.a.O.

H

Handelsbräuche. Unter Kaufleuten ist in Ansehung der Bedeutung und Wirkung von Handlungen und Unterlassungen auf die im Handelsverkehr geltenden Gewohnheiten und Gebräuche Rücksicht zu nehmen (§ 346 HGB). Handelsbräuche gehen in der Regel nachgiebigem Recht, nicht jedoch zwingendem Recht vor. Eine ausdrückliche Bezugnahme auf Handelsbräuche ist in Vertragsverhältnissen nicht erforderlich. Handelsbräuche, die gegen Treu und Glauben verstoßen, sind unbeachtlich (OLG München BB 1955, 748). Zur Herausbildung eines Handelsbrauchs ist ein gewisser Zeitraum, die Zustimmung der Beteiligten und eine tatsächlich Übung erforderlich (BGH NJW 1952, 257). Beispiele sind vor allem das → Bestätigungsschreiben.

Handelsvertreter ist, wer als selbständiger Gewerbetreibender ständig damit betraut ist, für einen anderen Unternehmer Geschäfte zu vermitteln oder in dessen Namen abzuschließen. Der Handelsvertreter ist Kaufmann nach § 1 Abs. 2 Nr. 7 in Verbindung mit Abs. 1 HGB. Der Handelsvertretervertrag ist ein Dienstvertrag über eine Geschäftsbesorgung. Da der HV ein selbständiger Gewerbetreibender ist, unterscheidet er sich vom Arbeitnehmer dadurch, daß er im wesentlichen frei seine Tätigkeit gestalten und seine Arbeitszeit bestimmen kann. Die Tätigkeit für einen anderen Unternehmer setzt nicht voraus, daß dieser Kaufmann ist.

Der Inhaber einer Totto-Lotto Annahmestelle kann Handelsvertreter sein, auch wenn das Lottounternehmen eine Anstalt des öffentlichen Rechtes ist (BGHZ 43, 108; BGH BB 1972, 938). Wer dagegen ein fremdes Unternehmen etwa als Pächter oder als Treuhänder übernimmt, ist nicht Handelsvertreter für dieses Unternehmen (BGH WM 1976, 181). Die Tätigkeit des Handelsvertreters liegt in der Vermittlung oder im Abschluß von Geschäften für den Unternehmer. Der Abschluß *im eigenen Namen* für einen anderen Unternehmer schließt eine Handelsvertretertätigkeit aus. Die Tätigkeit des HV bezieht sich vor allem auf den Warenumsatz im Bereich von Transportverträgen, Versicherungsverträgen, Lizenzverträgen u. a., kein Handelsvertreter ist

Handelsvertreter

der Industriepropagandist oder der Vertreter, dessen Tätigkeit sich in der bloßen Kundenwerbung erschöpft (LG Dortmund, DB 1971, 524). Der Unterschied zum →Handelsmakler (§ 93 HGB) liegt darin, daß der HV „ständig betraut" ist. Die Tatsache, daß jemand wiederholt von denselben Unternehmen für Vermittlungsgeschäfte in Anspruch genommen wird, macht ihn noch nicht zum Handelsvertreter. Erforderlich ist, daß eine Verpflichtung aufgrund eines *einheitlichen Rechtsverhältnisses* besteht, sich ständig um die Vermittlung oder den Abschluß zu bemühen. HV kann auch sein, wer als Verkaufsleiter oder als →Generalvertreter wiederum HV verpflichtet, die für ihn tätig sind (BGHZ 56, 290, 293). Der Unternehmer kann selbst Handelsvertreter sein (§ 84 Abs. 3 HGB). Der HV-Vertrag gilt als eine *Grundform* des Warenvertriebs. Grund hierfür ist insbesondere die Sachkunde des HV, sowie die Befreiung des HV vom Vertriebsrisiko. Zur →Form des HV-Vertrages siehe dort. Der HV hat sich um die Vermittlung oder den Abschluß von Geschäften zu bemühen und hierbei das Interesse des Unternehmers wahrzunehmen (§ 86 Abs. 1 HGB). Er hat dem Unternehmer die erforderlichen Nachrichten zu geben, namentlich ihm von jeder Geschäftsvermittlung und von jedem Geschäftsabschluß unverzüglich Mitteilung zu machen (§ 86 Abs. 2 HGB). Seine Pflichten hat er mit der Sorgfalt eines ordentlichen Kaufmannes wahrzunehmen (§ 86 Abs. 3 HGB). Die aus dem Dienstvertragsrecht des BGB anwendbaren Vorschriften sind § 613 (Verpflichtung zur Dienstleistung in Person), § 615 (Möglichkeit des Annahmeverzuges), § 618 Abs. 1, Abs. 3 (Gesundheitsschutz), § 620 Abs. 1 (Vertragsablauf), § 625 (stillschweigende Vertragsverlängerung). Unanwendbar sind dagegen die §§ 620 Abs. 2, 624, 626–628, 629 und 630 (Recht auf Zeugnis). Das Auftragsrecht des BGB ist weitgehend anwendbar, insbesondere § 663 (bei vorangegangenem Erbieten unverzügliche Ablehnung), § 665 (Bindung an Weisungen), § 666 (Nachrichten, Auskunft, Rechenschaft des HV), § 667 (Herausgabepflicht des Beauftragten), § 668 (Zins auf vom Beauftragten für sich verbrauchtes Geld), § 669, § 670 (Vorschuß und Ersatz für Aufwendungen), sowie §§ 672–674 (Todesfall).

Abweichende Vereinbarungen sind möglich, soweit in den §§ 84ff. HGB keine zwingenden Vorschriften enthalten sind. Darüber hinaus greift eine Inhaltskontrolle nach § 9 AGBG ein,

Handelsvertreter

soweit die Verträge nicht individuell ausgehandelt sind. Der →Gleichbehandlungsgrundsatz findet grundsätzlich keine Anwendung, unter Umständen besteht jedoch ein berechtigtes Vertrauen des HV, in gleichgelagerten Fällen wie andere HV behandelt zu werden (BGH BB 1971, 584). Der HV ist Interessenwahrer des Unternehmers, nicht unparteiischer Makler zwischen dem Unternehmer und dem Kunden (BGH BB 1979, 242). Aus der Interessenwahrungspflicht folgt auch das →Wettbewerbsverbot (§ 86 Abs. 1 HGB). Der HV hat insbesondere den Unternehmer zu unterrichten, wenn er als Vertreter für einen anderen Unternehmer tätig werden will (BGH WM 1977, 318). Unter Umständen besteht jedoch bei fehlender Beeinträchtigung des Unternehmers ein Anspruch auf Zulassung zur Zweitvertretung (BGH NJW 1984, 2101). Verletzt der HV ein wirksames Wettbewerbsverbot, ist er dem Unternehmer zu Schadensersatz verpflichtet. Keine Verpflichtung besteht jedoch zur Herausgabe des durch den Verstoß erzielten Verdienstes (vergleiche BGH NJW 1964, 817). Ein Preisbindungsverbot (§ 15 GWB) gilt nicht für den HV (von Gamm, Kartellrecht, § 15, Randnummer 21). Ausschließlichkeitsbindungen vom HV sind grundsätzlich nach § 18 GWB nicht zu beanstanden (BGHW 52, 173; von Gamm a.a.O. § 18, Randnummer 8). Schmiergelder und andere Provisionen von dritter Seite hat der HV dem Unternehmer herauszugeben (§ 667 BGB). Er macht sich schadensersatzpflichtig, wenn er das bessere Geschäft im Eigeninteresse übergeht. Dagegen obliegt dem HV grundsätzlich keine besondere Markt- oder Kundenpflege, Werbung ist grundsätzlich Sache des Unternehmers. Setzt der HV Untervertreter ein, wozu er grundsätzlich berechtigt, nicht jedoch verpflichtet ist, so haftet er für sie im Verhältnis zum Unternehmer (§ 278 BGB). Der Unternehmer hat ein weitgehendes Weisungsrecht auch bezüglich Gestaltung der Tätigkeit des HV, der Kundenwerbung und -betreuung, wobei die Selbständigkeit des HV hierdurch jedoch nicht angetastet werden darf (BGH BB 1966, 265). Der HV hat dem Unternehmer auch die erforderlichen Informationen über die Vermittlung oder den Abschluß von Geschäften, sowie über den Stand des Geschäftes zu geben; nach Abschluß der Aufträge hat er Rechenschaft abzulegen (§ 666 BGB). Er muß den Unternehmer auch über Vertragsverletzungen von Kunden unterrichten, selbst wenn dies dem HV nachteilig ist (BGH BB 1979, 242). Umsatzgarantien

Handelsvertreter

des HV sind möglich z. B. dergestalt, daß er für alle Schäden einsteht, die dem Unternehmer bei Nichterreichen der Umsätze erwachsen, oder daß bei Geschäften, die den Garantiebetrag nicht erreichen, keine oder eine nur verminderte Provision bezahlt wird. Ebenfalls kann ein Kündigungsrecht an das Nichterreichen bestimmter Umsätze geknüpft werden. *Pflichten des Unternehmers:* Der Unternehmer hat dem HV die zur Ausübung seiner Tätigkeit erforderlichen Unterlagen, wie Muster, Zeichnungen, Preislisten, Werbedrucksachen, Geschäftsbedingungen zur Verfügung zu stellen (§ 86a HGB). Der Unternehmer hat dem HV auch die erforderlichen Nachrichten zu geben, ihm unverzüglich die Annahme oder Ablehnung eines vermittelten oder ohne Vertretungsmacht abgeschlossenen Geschäfts mitzuteilen und ihn zu unterrichten, wenn er Geschäfte voraussichtlich nur in erheblich geringerem Umfange abschließen kann oder will, als nach den Umständen zu erwarten ist. Dieser Anspruch kann nicht ausgeschlossen werden (§ 86a Abs. 2 HGB). Die Pflicht des Unternehmers, die Arbeit des HV zu unterstützen, kann erfordern, ihn vor Fehlinvestitionen zu warnen (BAG DB 1980, 2039). Unzulässig ist es auch, wenn der Unternehmer willkürlich die vom HV vermittelten Geschäfts ablehnt oder den HV bei seiner Kundschaft anschwärzt. Aus der Treuepflicht gegenüber dem Vertreter folgt auch, daß der Unternehmer dem HV grundsätzlich weder selbst noch durch andere Wettbewerb machen darf, insbesondere wenn Bezirks- oder Kundenschutz zugesagt wurde (vgl. § 87 Abs. 2 HGB). Die Annahme der angebotenen Geschäfte steht dem Unternehmer frei (Ausnahme: Willkür). Der HV kann Ersatz seiner Aufwendungen die im regelmäßigen Geschäftsbetrieb entstehen nur verlangen, wenn dies handelsüblich ist (§ 87d HGB). Auf Zurückbehaltungsrechte kann der HV nicht im voraus verzichten (§ 88 Abs. 1 HGB). Nach Beendigung des Vertragsverhältnisses hat der HV ein nach allgemeinen Vorschriften bestehendes Zurückbehaltungsrecht an ihm zur Verfügung gestellten Unterlagen (§ 86a Abs. 1 HGB) nur wegen seiner fälligen Ansprüche auf Provision und Ersatz von Aufwendungen (§ 88 Abs. 2 HGB). Der HV darf Geschäfts- und Betriebsgeheimnisse, die ihm anvertraut oder als solche durch seine Tätigkeit für den Unternehmer bekannt geworden sind, auch nach Beendigung des Vertragsverhältnisses nicht verwerten oder anderen mitteilen, soweit dies nach den gesamten Umständen

Handelsmakler

der Berufsausübung eines ordentlichen Kaufmannes widersprechen würde (§ 90 HGB). S. a. →Ausgleichsanspruch des Handelsvertreters, →Angestellter, →Ablehnung des Auftrages, →Abweichung von Weisungen, →Auskunfts- und Rechenschaftspflicht, →Ausschließlichkeitsbindungen, →Altersversorgung, →Abtretung und Verpfändung, →Bezirks- und Kundenkreisschutz, →Delkredere-Provision, →Delkredere-Haftung, →Form des HV-Vertrages, →Gelegenheitsagent, →Gerichtsstand, →Generalvertreter, →Inkassoprovision, →Provisionsanspruch, →Untervertreter u. v. m.

EG-Kartellrecht: Die EG-Kommission hat den Entwurf einer neuen Bekanntmachung vorgelegt, welche die Anwendbarkeit der Wettbewerbsvorschriften des EWG-Vertrages auf Handelsvertreterverträge erläutern soll. Wesentliche Auswirkungen dieser Bekanntmachungen sind in den Fällen zu erwarten, in denen der Handelsvertreter zugleich (bezüglich anderer Geschäfte) Eigenhändler ist. Der genaue Wortlaut der Bekanntmachung liegt noch nicht vor.

Handelsmakler. Handelsmakler ist, wer gewerbsmäßig für andere Personen, ohne von ihnen aufgrund eines Vertragsverhältnisses ständig damit betraut zu sein, die Vermittlung von Verträgen über Anschaffung oder Veräußerung von Waren oder Wertpapieren, über Versicherungen, Güterbeförderungen, Schiffsmiete oder sonstige Gegenstände des Handelsverkehrs übernimmt (§ 93 Abs. 1 HGB). Der Handelsmakler hat daher den Vertragsschluß zu vermitteln und nicht nur Gelegenheit dazu nachzuweisen. Hierfür ist es ausreichend, daß der Auftraggeber durch den Makler Kenntnis von der Vertragsmöglichkeit erhält, etwa durch Angaben über Objekt und Geschäftsgegner (OLG Hamm BB 1974, 202). Die Übersendung einer Interessentenliste mit 500 Namen reicht hierzu nicht aus (OLG München BB 1973, 1551). Der wesentliche Unterschied zum Handelsvertreter liegt darin, daß letzterer aufgrund eines Vertragsverhältnisses ständig mit der Vermittlung betraut ist. Eine Tätigkeit des Maklers auch für den Geschäftsgegner ist nur erlaubt, wenn der Vertrag mit dem Auftraggeber dies gestattet, wobei Handelsbrauch und Verkehrssitte zu berücksichtigen sind (§§ 133, 157 BGB; 346 HGB). Auch bei einem Alleinauftrag ist eine Doppeltätigkeit nicht von vorn herein ausgeschlossen. Im Falle der Doppeltätigkeit hat

Handlungsgehilfe

sich jedoch der Makler strenger Unparteilichkeit zu verpflichten (BGHZ 61, 22). Er hat beide Seite unparteiisch über abschlußerhebliche Umstände zu informieren und grundsätzlich nicht in die Preisgestaltung einzugreifen.

Handlungsgehilfe ist, wer in einem Handelsgewerbe zur Leistung kaufmännischer Dienste gegen Entgelt angestellt ist (§ 59 HGB). Er hat, soweit nicht besondere Vereinbarungen über die Art und den Umfang seiner Dienstleistungen oder über die ihm zukommende Vergütung getroffen sind, die dem Hausgebrauch entsprechenden Dienste zu leisten, sowie die dem Ortsgebrauch entsprechende Vergütung zu beanspruchen. In Ermangelung eines Ortsgebrauches gelten die den Umständen nach angemessenen Leistungen als Vereinbarung (§ 59 HGB). Bei dem Handlungsgehilfen handelt es sich um einen Arbeitnehmer.

Handlungsvollmacht. Handlungsbevollmächtigte, die Handelsvertreter (ohne Abschlußvollmacht) oder die als Handlungsgehilfen damit betraut sind, außerhalb des Betriebs ihres Prinzipals Geschäfte in dessen Namen abzuschließen, sind im Zweifel bevollmächtigt, alle Geschäfte und Rechtshandlungen, die der Betrieb eines derartigen Handelsgewerbes oder die Vornahme derartiger Geschäfte gewöhnlich mit sich bringt, abzuschließen (§§ 55, 54 HGB).

Haupt- und Generalvertreter → Generalvertreter.

I

Inkassoprovision. Neben dem Anspruch auf Provision für abgeschlossene Geschäfte hat der HV Anspruch auf Inkassoprovision für die von ihm auftragsgemäß eingezogenen Beträge. Dieser Anspruch tritt neben den allgemeinen Anspruch auf Provision für vermittelte oder unter Bezirks- oder Kundenschutz fallende Geschäfte. Anders als die →Delkredere-Provision ist die Inkassoprovision im voraus abdingbar. Ist die Höhe der Inkassoprovision nicht bestimmt, so ist der übliche Satz als vereinbart anzusehen (§ 98 Abs. 1 HGB).

J

Jahreszielvorgabe. Der Unternehmer vereinbart vielfach mit dem Vertragshändler, daß eine bestimmte Anzahl von Waren im Jahr abgenommen wird. Gleiches gilt im Verhältnis zwischen Franchisegeber und Franchisenehmer. Derartige Vereinbarungen sind grundsätzlich zulässig. Kommt es nicht zu Vereinbarungen, so können Vertragshändler und Franchisenehmer Zuteilung der Waren nur im Rahmen des →Diskriminierungsverbotes nach § 26 Abs. 2 GWB verlangen (S. a. →Gleichbehandlungsgrundsatz). Vertragshändler und Franchisenehmer sind grundsätzlich zur Abnahme von Waren im Rahmen der geschlossenen Verträge verpflichtet. Mangelnde Verkaufsleistung als Grund einer lediglich beschränkten Warenabnahme stellt jedoch eine ausreichende Grundlage für eine ordentliche Kündigung dar. Eine konkrete Abnahmeverpflichtung in bestimmter Höhe besteht nur, wenn sie zwischen den Parteien vereinbart wurde.

Joint Ventures sind Gemeinschaftsunternehmen, die von zwei oder mehr wirtschaftlich voneinander unabhängigen Unternehmen gemeinsam kontrolliert werden. Hierunter ist die Möglichkeit zu verstehen, die Tätigkeit eines Unternehmens zu bestimmen. Man unterscheidet zwischen kooperativen und konzentrativen Gemeinschaftsunternehmen. Kooperative Gemeinschaftsunternehmen unterliegen der Beurteilung nach Artikel 85 Abs. 1 EWGV mit entsprechenden Freistellungsmöglichkeiten (→Gruppenfreistellungsverordnungen). Konzentrative Gemeinschaftsunternehmen (GU) unterliegen der Beurteilung nach Artikel 86 EWGV, sowie gegebenenfalls der Fusionskontrollverordnung (Nr. 4064 des Rates vom 21. 12. 1989; Abdruck etwa bei von Gamm). Angesichts der bestehenden Abgrenzungsschwierigkeiten hat die EG-Kommission eine Bekanntmachung zur wettbewerbspolitischen Beurteilung von Gemeinschaftsunternehmen erlassen (Abdruck von Gamm, Anhang 35). Hiernach liegt ein konzentratives GU immer dann vor, wenn sich die Muttergesellschaften vollständig und endgültig aus dem Tätigkeitsbereich des GU zurückziehen und die gemeinsame Kontrolle des GU auch nicht mittelbar zu Wettbewerbsbeschränkungen auf anderen Märkten führt, in denen sie Wettbewerber bleiben. Das GU muß daher aus sich selbst heraus wirtschaftlich lebensfähig sein und ihre geschäftspolitischen Entscheidungen im eigenen Interesse und damit im wesentlichen unbeeinflußt von anderen, ähnlich gelagerten Interessen der Muttergesellschaften treffen können. Ähnlich definiert die Fusionskontrollverordnung (s. o.) ein konzentratives GU dahin, daß es auf Dauer alle Funktionen einer selbständigen wirtschaftlichen Einheit erfüllt und keine Koordinierung des Wettbewerbsverhaltens der Gründerunternehmen im Verhältnis zueinander oder im Verhältnis zu den Gemeinschaftsunternehmen mit sich bringt (Artikel 3, Abs. 2 Fusionskontroll-VO). Für den Bereich kooperativer GU's bleibt daher nur der Bereich der bloßen, durch Vertragsgestaltung und Praktizierung herbeigeführten Abstimmung der Interessen der beteiligten Unternehmen (s. a. →Kartellrecht, →Kartellverträge).

Lit.: Rohardt WuW 1991, 365.

Just-in-Time-Lieferungen liegen vor, wenn der Zulieferer sein Vorprodukt zeitlich abgestimmt mit dem Hersteller produziert und in dessen Produktionsprozeß einspeist. Es handelt sich hierbei um ein *Fixgeschäft,* das i. d. R. mit der exakten Einhaltung der Lieferfrist „steht und fällt". Der Gläubiger kann daher unabhängig vom Verschulden des Zulieferers vom Vertrag zurücktreten, wenn die Lieferfrist verstrichen ist (§ 361 BGB). Trifft den Schuldner ein Verschulden, so kann der Gläubiger den Verspätungsschaden geltend machen (§ 286 Abs. 1 BGB) oder nach seiner Wahl zurücktreten oder Schadensersatz wegen Nichterfüllung verlangen (§ 326 BGB). Die den Hersteller treffenden Untersuchungs- und Rügepflichten (§§ 377, 378 HGB) können individualvertraglich und im Rahmen von AGB auf den Zulieferer verlagert werden. Aus der engen Anbindung des Zulieferers an den Hersteller folgen Sorgfalts-, Rücksichtsnahme- und Interessenwahrungspflichten.

Lit.: Nagel, DB 1991, 319.

K

Kartellrecht. Insbesondere das Recht des Warenvertriebes wird durch die Wettbewerbsordnung entscheidend geprägt. Aufgabe des Kartellrechtes ist es, den für eine freiheitliche Ordnung erforderlichen Bestand des Wettbewerbes zu gewährleisten, um so den größten Nutzeffekt für Wirtschaft und Verbraucher zu erzielen. Wettbewerb ist sowohl Beschreibung der Wirtschaftsordnung als auch des Marktverhaltens und der Marktverhältnisse. Neben dem aktuellen Wettbewerb kann der potentielle Wettbewerb ein besonderes Schutzgut darstellen (BGHZ 71, 102, 118, 119, 121).

Potentieller Wettbewerb ist die Möglichkeit des Marktzutrittes, für den bereits gegenwärtig eine Wahrscheinlichkeit besteht (BGH a.a.o.). Das Kartellrecht vergleicht die gegenwärtigen und die künftig zu erwartenden Markt- und Wettbewerbsverhältnisse aufgrund eines bestimmten Wettbewerbsverhaltens oder bestimmter Wettbewerbsabreden. Eine Wettbewerbsbeschränkung liegt vor, wenn die Marktverhältnisse durch ein bestimmtes Wettbewerbsverhalten oder durch bestimmte Abreden spürbar beeinflußt werden (BGHZ 37, 194, 200). Zur Bestimmung des *jeweils relevanten Marktes* ist eine Marktabgrenzung vorzunehmen, die unter Berücksichtigung der jeweiligen Kartellrechtsnormen unterschiedlich ausfallen kann. Der relevante Markt wird nach Zeit, Raum und Gegenstand abgegrenzt. Die zeitliche Begrenzung des relevanten Marktes spielt insbesondere bei Messen eine große Rolle (BGHZ 101, 100, 103). Der räumlich relevante Markt wird in der Regel durch das Hauptabsatzgebiet eines Produktes gekennzeichnet. Grundsätzlich ist der Geltungsbereich des Deutschen Kartellrechtes (GWB) der größtmöglich relevante Markt. Allerdings kann sich die wirtschaftliche und wettbewerbliche Stellung auf Auslandsmärkten auf die Wettbewerbssituation im Inland auswirken und ein im Auslandsmarkt begrenzter Wettbewerb kann sich für den Inlandsmarkt als potentieller Wettbewerb darstellen. Die Bestimmung des sachlich oder gegenständlich relevanten Marktes bezieht sich auf die in Frage stehenden Waren oder gewerblichen Leistungen und ihre *funktionelle Austauschbarkeit* (BGHZ 52, 65, 67; BGH WuW

Kartellrecht

1988, 732). Dies wird aus der Sicht der jeweiligen Marktgegenseite beurteilt (BGH GRUR 1973, 277, 278; BGH GRUR 1989, 220). Zu demselben Markt gehören daher alle Güter und Leistungen, die nach dem Urteil des durchschnittlichen, vernünftigen Verbrauchers für ihn gleich wertvoll und grundsätzlich gleich gut geeignet sind, seine Bedürfnisse zu befriedigen. Dies kann dazu führen, daß etwa hochwertige Kosmetika, obwohl diese mit billigen Massenprodukten oft chemisch völlig identisch sind, doch einen eigenen sachlichen Markt bilden (KG Berlin, Die AG 1986, 196, 198; EG-Mitteilung WuW 1991, 203).

Während das Kartellrecht den Schutz des Wettbewerbs als *Institution* in den Vordergrund rückt und die Freiheit des Wettbewerbes sichern will, legt das Gesetz gegen unlauteren Wettbewerb (UWG, →Wettbewerbsrecht) innerhalb dieser Wettbewerbsfreiheit fest, welche Wettbewerbs*methoden* unlauter sind. Beide Gesetze haben sich jedoch im Laufe der Zeit weitgehend aneinander angenähert. Die Wettbewerbsfreiheit wird auch wesentlich durch Gemeinschaftsrecht bestimmt. Die Wettbewerbsregeln der Artikel 85 ff. EWG-Vertrag sollen den Wettbewerb als maßgebliches Ordnungsprinzip des gemeinsamen Marktes festschreiben. Artikel 85 Abs. 1 EWGV verbietet alle Vereinbarungen zwischen Unternehmen, Beschlüsse von Unternehmensvereinigungen und aufeinander abgestimmte Verhaltensweisen, welche den Handel zwischen den Mitgliedsstaaten zu beeinträchtigen geeignet sind und eine Verhinderung, Einschränkung oder Verfälschung des Wettbewerbs innerhalb des gemeinsamen Marktes bezwecken oder bewirken.

Artikel 86 EWG-Vertrag verbietet die mißbräuchliche Ausnutzung einer beherrschenden Stellung auf dem gemeinsamen Markt oder auf einem wesentlichen Teil desselben durch ein oder mehrere Unternehmen, soweit dies dazu führen kann, den Handel zwischen den Mitgliedsstaaten zu beeinträchtigen. Der Verwirklichung der in Artikel 85 und 86 EWGV beschriebenen Grundsätze dienen verschiedene Verordnungen und Richtlinien des Rates und den hierauf von der Kommission erlassenen Verordnungen, Bekanntmachungen, Denkschriften und Studien (→Gruppenfreistellungsverordnungen). S. a. →Alleinvertriebsrecht, →Ausschließlichkeitsbindungen, →Franchise, →Gleichbehandlungsgrundsatz, →Leasing, →selektiver Vertrieb.

Kartellverträge

Kartellverträge sind Verträge, die von Unternehmen oder Unternehmensvereinigungen zu einem gemeinsamen Zweck geschlossen werden und geeignet sind, die Erzeugung oder die Marktverhältnisse für den Verkehr mit Waren oder gewerblichen Leistungen durch Beschränkung des Wettbewerbs zu beeinflussen. Solche Verträge sind grundsätzlich unwirksam (§ 1 GWB). Die Anwendbarkeit dieses Verbotes wird durch die Fusionskontrollverordnung auch für kooperative Gemeinschaftsunternehmen grundsätzlich nicht ausgeschlossen (BGHZ 96, 69, 77 = GRUR 1986, 556). Ein Unternehmen wird durch jede (selbständige) Tätigkeit im geschäftlichen Verkehr auf dem Gebiet des Güterabsatzes oder der Dienstleistungen gekennzeichnet. Sie muß sich auf seiten des Angebotes oder der Nachfrage auf die Erzeugung oder marktwirtschaftliche Verwertung von Waren oder gewerblichen Leistungen beziehen. Erforderlich ist nicht, daß das Unternehmen bereits aktiv am Wirtschaftsleben teilnimmt. Berücksichtigung finden auch *potentielle* Wettbewerbsunternehmen (BGHZ 31, 105, 109), denn sonst könnte Newcomern der Zugang zum Markt unmöglich gemacht werden. Auch freie Berufe und öffentliche Unternehmen können zu diesem weiten Begriff des Unternehmens in § 1 GWB gerechnet werden. Erforderlich ist jedenfalls die Teilnahme am geschäftlichen Verkehr; eine rein private Tätigkeit fällt nicht hierunter. Arbeitnehmer und Arbeitgeberverbände sind keine Kartelle. Stellt der Konzern eine wirtschaftliche Einheit dar, so sind grundsätzlich konzerninterne Vorgänge nicht wettbewerbsbeschränkend (EuGH, NJW 1989, 2192). →Handelsvertreter sind hiernach im Verhältnis zu ihrem Geschäftsherrn keine selbständigen Wettbewerber am Markt (BGHZ 1987, 317 = GRUR 1986, 750, 751), soweit es um Konkurrenzklauseln geht, allerdings *potentieller* Wettbewerber. Nur Verträge, die von Unternehmen zu einem gemeinsamen Zweck geschlossen werden, können Kartellverträge sein. Ausreichend ist die Verfolgung gleichgerichteter Interessen. Deshalb fallen auch die vorgenannten Wettbewerbsverbote hierunter. Ebenso können Verträge zwischen Zulieferer und Hersteller Kartellverträge sein, z. B. wenn vereinbart wird, der Zulieferer dürfe das von ihm zu liefernde Produkt nicht anderweitig veräußern. Verhalten sich die Parteien entsprechend dem unwirksamen Kartellvertrag, so handeln sie ordnungswidrig (§ 38 Abs. 1 Nr. 1 GWB). Auch das aufeinander abgestimmte

Verhalten, das nicht zum Gegenstand einer vertraglichen Bindung gemacht werden darf, ist unzulässig (§§ 1, 15, GWB). Ein Kartellvertrag liegt dann vor, wenn der zu einem gemeinsamen Zweck geschlossene Vertrag objektiv geeignet ist, die Marktverhältnisse für den Verkehr mit Waren oder Leistungen durch Beschränkung des Wettbewerbs zu beeinflussen. Eine Beschränkung des Wettbewerbs liegt in der Beschränkung der wettbewerblichen Handlungsfreiheit der Beteiligten. *Gemeinschaftsunternehmen* können § 1 GWB unterfallen, sofern es sich um kooperative Gemeinschaftsunternehmen handelt. Bei kooperativen Gemeinschaftsunternehmen wird lediglich durch Vertragesgestaltung oder Verhalten das Interesse der jeweils beteiligten Unternehmen abgestimmt (BGHZ 96, 69, 82 = GRUR 1986, 556, 560). Konzentrative Gemeinschaftsunternehmen unterliegen ausschließlich der Fusionskontrolle. *Beispiele* sind Bieterabkommen auf Versteigerungen (BGH NJW 1961, 1012), Gebietsaufteilungen (BGH NJW 1964, 2343, 2346), Gebietsschutzabkommen (BKartA vom 5. 9. 1988, WuWE 2313, 2316), Kapazitätsbeschränkungen (BGH NJW 1964, 2343), Marktaufteilungen (BGH GRUR 1980, 866), Preisabsprachen (BGHZ 60, 312, 316, 319), Quotenabsprachen (BKartA WuWE 205, 207 = BB 1960, 645), Submissionsabsprachen (BGHSt 12, 348), Wettbewerbsverbote (BGH NJW 1977, 804).

Folgeverträge, die ihrerseits nicht selbst gegen kartellrechtliche Vorschriften verstoßen, sind grundsätzlich rechtswirksam (OLG Düsseldorf vom 30. 07. 1987, WuWE 4182, 4184).

Kaufmann. Die Geschäfte des →Handelsvertreters oder des →Handelsmaklers gelten nach § 1 Abs. 2 Ziffer 7 HGB als sogenannte Grundhandelsgeschäfte. Wer ein Grundhandelsgeschäft betreibt, ist automatisch und ausnahmslos Kaufmann, wenn auch nicht ohne weiteres Vollkaufmann. Die nach § 29 HGB obligatorische Eintragung in das Handelsregister ist in diesen Fällen nicht erforderlich, um die Kaufmannseigenschaft zu begründen. Diese Eintragung wird deshalb auch als „deklaratorisch" bezeichnet. Vertragshändler sind Kaufleute nach § 1, Abs. 2 Ziffer 1 HGB. Gleiches gilt für Franchisenehmer, soweit sich die Franchise auf den Warenumsatz bezieht. Der Franchisingnehmer im Dienstleistungsfranchising gilt erst mit Eintragung in das Handelsregister als Kaufmann, sofern das Unterneh-

Kommissionär

men nach Art und Umfang einen in kaufmännischer Weise eingerichteten Geschäftsbetrieb erfordert (§ 2 HGB). Dies wird bei einem Gesamtjahresumsatz von über DM 200000 zu bejahen sein (vgl. OLG Frankfurt/Main BB 1983, 335).

Kommissionär ist, wer es gewerbsmäßig übernimmt, Waren oder Wertpapiere für Rechnung eines anderen (des Kommittenten) in eigenem Namen zu kaufen oder zu verkaufen (§ 383 HGB). Der Kommissionsvertrag ist ein formfreier gegenseitiger Vertrag über eine Geschäftsbesorgung (i. S. § 675 BGB). Der Kommissionär ist verpflichtet, das übernommene Geschäft mit der Sorgfalt eines ordentlichen Kaufmanns auszuführen; er hat hierbei das Interesse des Kommittenten wahrzunehmen und dessen Weisungen zu befolgen (§ 384 Abs. 1 HGB). Der Kommissionär muß den Kommittenten vor Auftragserteilung auf eventuelle Bedenken hinweisen (BGHZ 8, 235), er muß in der Regel selbst die Kommission durchführen und darf diese nicht ohne Zustimmung des Kommittenten einem anderen übertragen. Die Beiziehung von Hilfspersonen (für die der Kommissionär nach § 278 BGB haftet) ist grundsätzlich zulässig; er hat dem Kommittenten die erforderlichen Nachrichten zu geben, insbesondere von der Ausführung der Kommission unverzüglich Anzeige zu machen, er hat dem Kommittenten über das Geschäft Rechenschaft abzulegen und ihm dasjenige herauszugeben, was er aus der Geschäftsbesorgung erlangt hat (§ 384 Abs. 2 HGB). Unterläßt es der Kommissionär, den Kommittenten gegenüber den Dritten zu benennen, mit dem der Kommissionär den Vertrag abgeschlossen hat, so haftet der Kommissionär dem Kommittenten für die Erfüllung des von ihm mit dem Dritten für Rechnung des Kommittenten geschlossenen Geschäftes (§ 384 Abs. 3 HGB). Handelt der Kommissionär nicht den Weisungen des Kommittenten gemäß, so haftet er ebenfalls auf Schadensersatz; der Kommittent braucht das Geschäft dann nicht für seine Rechnung gelten zu lassen (§ 385 Abs. 1 HGB). Hat der Kommissionär unter dem ihm gesetzten Preis verkauft oder hat er den ihm für den Einkauf gesetzten Preis überschritten, so muß der Kommittent, falls er das Geschäft als nicht für seine Rechnung abgeschlossen zurückweisen will, dies unverzüglich auf die Anzeige von der Ausführung des Geschäftes erklären; andernfalls gilt die Abweichung von der Preisbestimmung als genehmigt (§ 386

Kommissionär

Abs. 1 HGB). Erbietet sich jedoch der Kommissionär zugleich mit der Anzeige von der Ausführung des Geschäftes zur Deckung des Preisunterschiedes, so ist der Kommittent zur Zurückweisung nicht berechtigt. Der Anspruch des Kommittenten auf den Ersatz eines den Preisunterschied übersteigenden Schadens bleibt unberührt (§ 386 Abs. 2 HGB).

Schließt dagegen der Kommissionär zu vorteilhafteren Bedingungen ab, als sie ihm von dem Kommittenten gesetzt worden sind, so kommt dies dem Kommittenten zustatten (§ 387 Abs. 1 HGB). Der Kommissionär ist auch für Verlust und Beschädigung des in seiner Verwahrung befindlichen Gutes verantwortlich, es sei denn, daß der Verlust oder die Beschädigung auf Umständen beruht, die durch die Sorgfalt eines ordentlichen Kaufmannes nicht abgewendet werden konnten (§ 390 Abs. 1 HGB). Ist eine Einkaufskommission erteilt, die für beide Teile ein Handelsgeschäft ist, so trifft den Kommittenten eine Untersuchungs- und Rügepflicht (§ 391, §§ 377 ff. HGB, →Rügelast). Forderungen aus einem Geschäft, das der Kommissionär abgeschlossen hat, kann der Kommitent dem Schuldner gegenüber erst nach der Abtretung geltend machen (§ 292 Abs. 1 HGB). Soweit die Forderungen nicht abgetreten sind, gelten sie im Verhältnis zwischen dem Kommittenten und dem Kommissionär oder dessen Gläubigern als Forderung des Kommittenten (§ 392 Abs. 2 HGB). Dies bedeutet, daß der Kommitent der Pfändung der ausstehenden Forderung gegen den Vertragspartner durch Gläubiger des Kommissionärs widersprechen kann (§ 771 ZPO).

Im *Konkurs* des Kommissionärs kann der Kommitent diese Forderung aussondern (§ 43 KO; BGH BB 1959, 975). Der Kommissionär kann die Provision fordern, wenn das Geschäft zur Ausführung gekommen ist. Ist das Geschäft nicht zur Ausführung gekommen, so hat er gleichwohl den Anspruch auf die Auslieferungsprovision, sofern eine solche ortsgebräuchlich ist. Auch kann er die Provision verlangen, wenn die Ausführung des für ihn abgeschlossenen Geschäftes nur aus einem in der Person des Kommittenten liegenden Grund unterblieben ist (§ 396 Abs. 1 HGB). Zu dem von dem Kommittenten für Aufwendungen des Kommissionärs zu leistenden Ersatz (§§ 670 und 675 BGB) gehört auch die Vergütung für die Benutzung der Lagerräume und der Beförderungsmittel des Kommissionärs (§ 396 Abs. 2 HGB). Die Verjährung der Provisionsansprüche beträgt

Kommissionsagent

grundsätzlich zwei Jahre, bei Kommission für einen Gewerbebetrieb vier Jahre (§§ 196, 201 BGB). Gleiches gilt für den Anspruch auf Ersatz für Aufwendungen. Der Kommissionär hat zur Sicherung seiner Ansprüche gegen den Kommittenten ein Pfandrecht (§§ 397, 398 BGB), ein Zurückbehaltungsrecht (§ 273 BGB, bei zweiseitigen Handelsgeschäften auch nach §§ 369–372 HGB), ein Verfolgungsrecht (§ 44 KO) sowie ein Befriedigungsrecht (§ 399 HGB). Der Kommissionär darf unter Umständen die Kommission so ausführen, daß er selbst das zu kaufende Gut liefert oder das zu Verkaufende als Käufer übernimmt (§ 400 HGB). S. a. →Delkredere-Haftung.

Kommissionsagent ist, wer vertraglich ständig damit betraut ist, Waren oder Wertpapiere für Rechnung eines anderen in eigenem Namen zu kaufen oder zu verkaufen, zu von diesem vertraglich vorgegebenen Preisen und Konditionen. Hierbei sind insbesondere die Schranken aus dem →Kartellrecht zu beachten (§§ 15, 18, 262 GWB, Artikel 85, 86 EWGV; KG BB 1983, 456).

Konkurs des Handelsvertreters. Lediglich für arbeitnehmerähnliche Handelsvertreter gelten hier Besonderheiten (§§ 59 Abs. 1 Nr. 3c, 61 Abs. 1 Nr. 1c KO).

Kündigung und Befristung. *Allgemeines:* Zu unterscheiden sind die *ordentliche* Kündigung, die einen Kündigungsgrund nicht voraussetzt, und die *außerordentliche* Kündigung, die bei jedem Dauerschuldverhältnis aus wichtigem Grund erfolgen und eine befristete oder fristlose Kündigung sein kann. *Handelsvertreter:* Ist der Handelsvertretervertrag auf unbestimmte Zeit eingegangen, so kann er in den ersten drei Jahren der Vertragsdauer mit einer Frist von sechs Wochen zum Schluß eines Kalendervierteljahres gekündigt werden. Wird eine andere Kündigungsfrist vereinbart, so muß sie mindestens einen Monat betragen; es kann nur für den Schluß eines Kalendermonats gekündigt werden (§ 89 Abs. 1 HGB). Nach einer Vertragsdauer von drei Jahren kann das Vertragsverhältnis nur mit einer Frist von mindestens drei Monaten zum Schluß eines Kalendervierteljahres gekündigt werden (§ 89 Abs. 2 HGB). Eine vereinbarte Kündigungsfrist muß für beide Teile gleich sein. Bei Vereinbarung ungleicher Fristen gilt für beide Teile die längere Frist (§ 89 Abs. 3 HGB).

Kündigung und Befristung

Wird der Handelsvertretervertrag nach Ablauf der Kündigungsfrist fortgesetzt in Kenntnis des Unternehmers, so gilt er als auf unbestimmte Zeit verlängert, sofern nicht der Unternehmer unverzüglich widerspricht (§ 625 BGB, § 86 HGB). Der Handelsvertretervertrag kann auch nach § 89a HGB von jedem Teil aus wichtigem Grund ohne Einhaltung einer Kündigungsfrist gekündigt werden, ohne daß dies durch Vertrag beschränkbar wäre (§ 89a Abs. 1 HGB). Die Rechtsprechung stellt darauf ab, ob dem Kündigenden das Abwarten des Vertragsablaufes oder der Frist zur ordentlichen Kündigung unzumutbar ist (BGH BB 1983, 1629). Aus der Kündigungserklärung muß hervorgehen, daß es sich um eine außerordentliche und nicht um eine ordentliche Kündigung handelt. Die Angabe von Kündigungsgründen ist dagegen grundsätzlich nicht erforderlich. Beispiele für *wichtige Kündigungsgründe* des Unternehmers sind: Grober Vertragsverstoß des Handelsvertreters, ernsthafte und endgültige Verweigerung der Dienste, Drohung des Handelsvertreters, er werde einem anderen Vorzugsbedingungen einräumen (BGH BB 1984, 237), Vermittlung eines Kunden zur Konkurrenz (BGH BB 1974, 714), Abwerben eines anderen HV des Geschäftsherrn für ein anderes (nicht unbedingt Konkurrenz-) Unternehmen (BGH BB 1977, 1170). Ferner: Konkurs, Vergleichsverfahren, Geschäftseinstellung, Geschäftsübertragung des HV, Schwere Kränkung des Unternehmers. Für den Handelsvertreter sind wichtige Kündigungsgründe insbesondere folgende: Grobe Vertragsverstöße des Unternehmers, wiederholte Säumnis und Fehler bei der Abrechnung und Zahlung, Abwerbung von Stammkunden zum Direktbezug des Unternehmers (BGH MDR 1959, 911), nachhaltiges Zerwürfnis, unberechtigter Vorwurf strafbaren Verhaltens. Ein Verzicht auf eine außerordentliche Kündigung liegt in der Regel in der Erklärung der ordentlichen Kündigung. Eine außerordentliche Kündigung kann während des Laufes der Kündigungsfrist nur aus neuen Gründen erklärt werden. Die Erklärung der außerordentlichen Kündigung auch nach Ablauf von zwei Wochen, von Kenntnis des Kündigungsgrundes an gerechnet, ist grundsätzlich zulässig (§ 626 Abs. 2 BGB gilt grundsätzlich nicht entsprechend: BGH NJW 1982, 2433). Die Erklärung der außerordentlichen Kündigung ein oder zwei Monate nach Kenntnis vom Kündigungsgrund kann hingegen dazu führen, daß das Recht zur außerordentlichen

Kündigung und Befristung

Kündigung verwirkt ist (BGH BB 1983, 1630). Eine unberechtigte außerordentliche Kündigung ist eine positive Vertragsverletzung, die den Erklärenden zum Ersatz des Schadens verpflichtet; wird die Kündigung durch ein Verhalten veranlaßt, das der andere Teil zu vertreten hat, so ist dieser zum Ersatz des durch die Aufhebung des Vertragsverhältnisses entstehenden Schadens verpflichtet (§ 89a Abs. 2 HGB).

Eine *Umdeutung* einer außerordentlichen Kündigung in eine ordentliche Kündigung, etwa wenn ein Kündigungsgrund nicht vorliegt, ist nur möglich, wenn der Beendigungswille deutlich erkennbar ist (BGH MDR 1969, 654). Es empfiehlt sich daher, in die außerordentliche Kündigung den Vermerk aufzunehmen: „Vorsorglich wird darauf hingewiesen, daß bei eventuellen Mängeln dieser außerordentlichen Kündigung diese Erklärung als ordentliche Kündigung gilt und das Vertragsverhältnis jedenfalls zum ... beendet wird."

Vertragshändlerverträge: Es stehen sich hier das Interesse des Händlers, die teilweise hohen Investitionen für den Betrieb zu armortisieren und das Interesse des Herstellers, ungeeignete oder unrentable Händlerbetriebe aufzugeben, gegenüber. Der Abschluß befristeter Verträge ist gleichwohl zulässig. Die in der →Gruppenfreistellungsverordnung für den KFZ-Vertrieb[1] genannte Mindestfrist von vier Jahren (Artikel 5 Abs. 2 Nr. 2 der VO Nr. 123/85) bedeutet nicht die Unwirksamkeit des Vertrages oder der Befristung; vielmehr gilt dann ein eventuell vereinbartes Verbot, außer Kraftfahrzeuge des Vertragsprogrammes keine weiteren neuen Kraftfahrzeuge zu vertreiben oder zum Gegenstand einer Vertriebs- und Kundendienstvereinbarung zu machen, als gegenstandslos. Befristungen des Händlervertrages können dagegen nach § 9 AGBG einer Inhaltskontrolle unterliegen. Bei *typischerweise* geringen Investitionen wird man eine einjährige Laufzeit noch als mit § 9 AGBG vereinbar bezeichnen müssen (entgegen Wolf § 9 AGBG, Randnummer V 40 kommt es nicht auf die tatsächlichen Investitionen an).

Eine vierjährige Befristung gilt auch nicht über § 9 AGBG (a. A. Wolf a. a. O.). Die gegenteilige Auffassung führt dazu, daß die Wertungen der EG-KFZ-Verordnung in ihr Gegenteil verkehrt würden. Auch weitere Befristungen bis zur Grenze des

---

[1] Abgedruckt im Anhang dieses Buches unter Nr. 4

Kündigung und Befristung

Rechtsmißbrauches und des Diskriminierungsverbotes (§ 26 Abs. 2 GWB → Gleichbehandlungsgrundsatz) sind zulässig.

Ein Anspruch des Händlers auf Verlängerung befristeter Verträge besteht nicht (§§ 565 b, 594 BGB finden keine entsprechende Anwendung). Im Einzelfall können derartige Ansprüche jedoch aufgrund konkreter Zusicherungen, aufgrund Treu und Glauben, insbesondere unter dem Gesichtspunkt des widersprüchlichen Verhaltens, aber auch unter dem Gesichtspunkt des Diskriminierungsverbotes (§ 26 Abs. 2 GWB) in Betracht kommen (BGH GRUR 1988, 642 – Opel-Blitz; BGH GRUR 1989, 774 Lotterie). Auch besteht keine besondere Verpflichtung des Herstellers, auf die Vertragsbeendigung hinzuweisen. Die Verpflichtung nach der EG-KFZ-Verordnung (Artikel 5 Abs. 2 Nr. 2), wonach der Hersteller dem Händler mitteilen muß, daß der befristete Vertrag nicht verlängert werde, hat im Verletzungsfalle zur Konsequenz, daß das Verbot für den Händler, ein Zweitfabrikat zu vertreiben, jedenfalls in den letzten sechs Monaten der Vertragslaufzeit gegenstandslos wird. Wird ein befristetes Vertragsverhältnis nach Ablauf der Vertragslaufzeit fortgesetzt, so führt dies nicht dazu, daß ein Vertragsverhältnis auf unbestimmte Dauer begründet wird. Diese aus dem Dienstvertragsrecht bekannte Rechtsfolge (§ 625 BGB) gilt für den Vertragshändlervertrag *nicht* entsprechend. Auch schließt das für Händlerverträge erforderliche Schriftformgebot (§ 34 GWB) eine stillschweigende Vertragsverlängerung aus. Die ordentliche Kündigung eines Händlervertrages setzt keinen Kündigungsgrund voraus. Die Ausübung des vertraglich begründeten Rechts zur ordentlichen Kündigung erfordert keine sachliche Rechtfertigung (BGH I ZR 214/81 und I ZR 213/81 vom 22. 3. 1984 – Ford). Eine Grenze liegt jedoch insbesondere im Verbot sittenwidrigen Handelns, dem Schikaneverbot und dem Diskriminierungsverbot (§ 26 Abs. 2 GWB → Gleichbehandlungsgrundsatz). Die Benennung von Kündigungsgründen ist ebenso wie bei der außerordentlichen Kündigung nicht erforderlich. Bei der ordentlichen Kündigung ist ein Vorrang des Herstellers, sein Vertriebssystem selbst zu steuern und nach eigenen Vorstellungen auszugestalten, zu berücksichtigen (BGH WRP 1989, 229, 231).

Kündigungsfristen: Ursprünglich sind von der Rechtsprechung Kündigungsfristen von sechs Monaten gebilligt worden (BGH

Kündigung und Befristung

a. a. O. →Ford). Die EG-Verordnung Nr. 123/85 verlangt Kündigungsfristen von einem Jahr. Die Konsequenz kürzerer Kündigungsfristen ist wiederum nicht die Nichtigkeit des Vertrages aufgrund Nichteingreifens der Freistellungsverordnung; vielmehr greift dann ein mögliches Verbot, neue Kraftfahrzeuge zu vertreiben oder zum Gegenstand einer Vertriebs- und Kundendienstvereinbarung zu machen, nicht mehr ein (Artikel 5 Abs. 2 Nr. 2 VO). Kündigungsfristen sind jedoch nach § 9 AGBG zu beurteilen. In KFZ-Händlerverträgen wird hier zum Teil eine Frist von einem Jahr für ausreichend erachtet (Löwe-von Westfalen, Band III Nr. 59.1, Randnummer 53; Ulmer Anhang §§ 9–11, Randnummer 891), zum Teil wird jedoch auch eine zweijährige Kündigungsfrist gefordert (Pfeffer NJW 1985, 1241, 1247; Wolf § 9 V 41). Kündigungsfristen von zwei Jahren, wie sie in der KFZ-Branche üblich sind, verstoßen daher weder gegen die KFZ-Verordnung noch gegen § 9 AGBG.

Franchise: Die für den Handelsvertreter vorstehend dargestellte Rechtslage gilt entsprechend auch für den Franchisevertrag.

L

Laienwerbung. Die Einschaltung von nicht berufsmäßigen Kundenwerbern gegen Gewährung von Werbeprämien ist nicht ohne weiteres wettbewerbswidrig. Für die wettbewerbsrechtliche Beurteilung solcher Werbemaßnahmen kommt es auf die besonderen Umstände des Einzelfalles an (BGH ZIP 1990, 1620). Die Gefahr derartiger Werbeaktionen liegt darin, daß die persönlichen Beziehungen der Laienwerber vor allem zu Verwandten, Freunden und Bekannten für Zwecke eines einzelnen Unternehmers genutzt werden sollen, so daß das werbende Unternehmen zu einer wettbewerbsfremden Kommerzialisierung der Privatsphäre beiträgt. Aufgrund der Werbeprämien versuchen die Laienwerber ihr Prämieninteresse möglichst lange zu verschleiern oder zu verheimlichen, um ihrer Empfehlung den Anstrich eines uneigennützigen Rates zu geben. Von Bedeutung ist die Art der beworbenen Waren oder Dienstleistungen, der Art des Personenkreises, dem die Laienwerbung und die möglichen Kunden angehören sowie der Anreiz, den die ausgesetzten Prämien dem Laienwerber bieten. Eine Sachprämie von über DM 100 bei Gewinnung eines neuen Kreditkartenkunden mit einem Jahresbeitrag von DM 150 ist wettbewerbswidrig (BGH a. a. O.).

Leasing. Neben den vielfältigen Fragen die das Leasinggeschäft insbesondere in verbraucherschutzrechtlicher Hinsicht aufwirft, stellen sich verschiedene vertriebsrechtliche Fragen. Insbesondere geht es hierbei um den Konflikt zwischen herstellerabhängigen und herstellerunabhängigen Leasinggesellschaften und die Frage, ob und durch welche Fördermaßnahmen der Hersteller seinen (herstellerabhängigen) Leasinggesellschaften gegenüber bevorzugt und hierdurch herstellerunabhängigen Leasinggesellschaften diskriminiert (→Gleichbehandlungsgrundsatz). Die wohl überwiegende Auffassung geht dahin, daß konzerninterne Subventionen gegenüber der herstellerabhängigen Leasinggesellschaft grundsätzlich zulässig sind (OLG Düsseldorf BB 1990, 2286). Leasinggesellschaften sind generell nicht als Verwerter oder Großkunden im Sinne des Rabattgesetzes anzusehen, da wirt-

Leasing

schaftlicher Nutzer des Fahrzeuges der Leasingnehmer selbst ist (Schwintowski DB 1990, 2253, 2255). Zumindest ist der Automobilhersteller nicht verpflichtet, herstellerunabhängigen Leasinggesellschaften Großabnehmerrabatte einzuräumen (Loewenheim, BB-Beilage 11/1991, S. 27). Für den Bereich des KFZ-Vertriebes erlaubt die →Gruppenfreistellungsverordnung Nr. 123/85[1] europaweite Ausschließlichkeitsbindungen zwischen KFZ-Hersteller und Vertragshändler für das Leasinggeschäft (Artikel 13 Nr. 12, Schwintowski a.a.O). Macht der Automobilhersteller gegenüber seinen Vertragshändlern die Gewährung von Sondernachlässen davon abhängig, daß diese ihrerseits der (selbständigen) Kreditbank des Automobilherstellers beim Verkauf von PKW im Rahmen des Leasing Sonderrabatte einräumen, so liegt hierin keine Diskriminierung der markenunabhängigen Leasingunternehmen, wohl aber eine sogenannten konditionelle Bindung, die gegen § 15 GWB verstößt. Eine konzernmäßige Verbindung zwischen Automobilhersteller und seiner Kreditbank sollen dem nicht entgegenstehen (so OLG Frankfurt WuW 1991, Seite 55 – nicht rechtskräftig –).

---

[1] Abgedruckt im Anhang dieses Buches unter Nr. 4

M

Makler → Handelsmakler.

Minderjährige. Ermächtigt ihn der gesetzliche Vertreter mit Genehmigung des Vormundschaftsgerichts zum selbständigen Betrieb eines Erwerbsgeschäftes, so ist der Minderjährige für solche Rechtsgeschäfte unbeschränkt geschäftsfähig, welche der Geschäftsbetrieb mit sich bringt. Ausgenommen sind Rechtsgeschäfte, zu denen der Vertreter selbst die Genehmigung des Vormundschaftsgerichts benötigt (§§ 1643, 1821 ff. BGB). Die Ermächtigung kann von den Vertretern nur mit Genehmigung des Vormundschaftsgerichts zurückgenommen werden (§ 112 BGB). In diesem Rahmen ist auch der Minderjährige geschäfts- und prozeßfähig (§ 52 ZPO). Soweit die Ermächtigung gilt, kann der gesetzliche Vertreter nicht für den Minderjährigen handeln. Hierunter fällt auch die Tätigkeit als selbständiger Handelsvertreter (BAG NJW 1964, 1641), als Vertragshändler oder Franchisenehmer.

N

Niederlassung. Jeder Kaufmann muß eine (Handels-) Niederlassung haben, wo ihn Mitteilungen erreichen können (§ 29 HGB). Sowohl die Handelsniederlassung als auch die Zweigniederlassung sind beim Gericht der Hauptniederlassung anzumelden (§ 13 HGB).

P

Preisbindungsverbot. In bezug auf Märkte innerhalb der Bundesrepublik Deutschland sind Verträge zwischen Unternehmen über Waren oder gewerbliche Leistungen nichtig, soweit sie einen Vertragsbeteiligten in der Freiheit der Gestaltung von Preisen oder Geschäftsbedingungen bei solchen Verträgen beschränken, die er mit Dritten über die gelieferten Waren, über andere Waren oder über gewerbliche Leistungen schließt (§ 15 GWB). Dieses Preisbindungsverbot gilt nicht für Handelsvertreter (Rittner DB 1985, 2543; Bauer BB 1985, 1821). Es findet dagegen Anwendung bei Vertragshändler- und Franchiseverträgen.

Prokura. Die Prokura ermächtigt zu allen Arten von gerichtlichen und außergerichtlichen Geschäften und Rechtshandlungen, die der Betrieb eines Handelsgewerbes mit sich bringt (§ 49 Abs. 1 HGB). Sie kann nur vom Inhaber des Handelsgeschäftes oder seinem gesetzlichen Vertreter und mittels ausdrücklicher Erklärung erteilt werden (§ 48 HGB).

Die Prokura kann nur durch Vollkaufleute, Handelsgesellschaften, eingetragene Genossenschaften sowie juristische Personen, nicht dagegen Minderkaufleute und Konkursverwalter erteilt werden (i. E. Hopt § 48 Anmerkung 1). Die Prokura ist ohne Rücksicht auf das der Erteilung zugrundeliegende Rechtsverhältnis jederzeit widerruflich (§ 52 Abs. 1 HGB); ihre Erteilung ist vom Inhaber des Handelsgeschäftes zur Eintragung in das Handelsregister anzumelden (§ 53 HGB). Die Prokura ist von der →Handlungsvollmacht zu unterscheiden.

Provisionsanspruch. Der HV hat Anspruch auf Provision für alle während des Vertragsverhältnisses abgeschlossenen Geschäfte, die auf seine Tätigkeit zurückzuführen sind oder mit solchen Dritten abgeschlossen werden, die er als Kunden für Geschäfte der gleichen Art geworben hat. Hierdurch wird der Kreis der provisionspflichtigen Geschäfte gekennzeichnet. Die Provision ist das übliche Dienstentgelt des HV. Ausreichend ist die bloße Mitursächlichkeit der Tätigkeit des HV für den Geschäftsabschluß (BGH BB 1960, 111). Beim *Bezirks- oder Kundenkreisver-*

Provisionsanspruch

treter ist dagegen ausreichend, daß Geschäfte mit Personen zustandekommen, die seinem Bezirk- oder Kundenkreis angehören. Eine überwiegende Ursächlichkeit der Tätigkeit des HV für den Geschäftsabschluß ist nur bei Geschäften erforderlich, die erst nach Beendigung des Vertreterverhältnisses abgeschlossen werden. Alternativ ist hier erforderlich, daß der HV das Geschäft vermittelt oder eingeleitet und so vorbereitet hat, daß der Abschluß überwiegend auf seine Tätigkeit zurückzuführen ist und das Geschäft innerhalb einer angemessenen Frist nach Beendigung des Vertragsverhältnisses abgeschlossen worden ist (§ 87 Abs. 3 Ziffer 1 HGB) *oder* vor Beendigung des Vertragsverhältnisses das Angebot des Dritten zum Abschluß eines Geschäftes, für das der HV Anspruch auf Provisionen hat, dem HV oder dem Unternehmer zugegangen ist (§ 87 Abs. 3 Ziffer 2 HGB). Der Anspruch auf Provision steht jedoch dem nachfolgenden Handelsvertreter anteilig zu, wenn wegen besonderer Umstände eine Teilung der Provision der Billigkeit entspricht (§ 87 Abs. 3 Satz 2 HGB). Der Anspruch wird fällig, sobald und soweit der Unternehmer das Geschäft ausgeführt hat (§ 87a Abs. 1 HGB). „Ausführung" ist nicht mit der Vertragserfüllung gleichzusetzen. Vielmehr kann es ausreichen, wenn statt Erfüllung eine Leistung an Erfüllungs Statt (RGZ 121, 125, 126) oder Schadenersatz wegen Nichterfüllung (BGH DB 1957, 185) erbracht wird. Die Höhe der Provision richtet sich nach dem Entgelt, das der Dritte oder Unternehmer zu leisten hat (§ 87b Abs. 2 HGB). Ist keine Vereinbarung über die Höhe der Provision geschlossen worden, so ist der übliche Satz als vereinbart anzusehen (§ 87b Abs. 1 HGB). – Aufwendungsersatz (§§ 675, 670 BGB) kann der HV nur verlangen, wenn dies handelsüblich ist; dieser Grundsatz gilt für Aufwendungen im regelmäßigen Geschäftsbetrieb. Handelt der HV außerhalb des regelmäßigen Geschäftsbetriebs auf Weisung des Unternehmers oder abweichend von den Weisungen des Unternehmers, wenn er den Umständen nach annehmen durfte, daß der Unternehmer bei Kenntnis der Sachlage die Abweichung billigen würde (§ 665 BGB), so sind ihm alle Aufwendungen zu ersetzen, die er für erforderlich halten durfte. Handelt der HV aus eigener Initiative ohne Auftrag oder in Überschreitung seines Auftrages, so kann er Ersatz seiner Aufwendungen nur verlangen, wenn seine Maßnahmen im Interesse des Unternehmers liegen und dem wirklichen oder mutmaßlichen Willen

Provisionsanspruch

des Unternehmers entsprechen (§ 683 BGB). Es gilt auch hier der Grundsatz, daß allgemeine Aufwendungen durch die Provision abgegolten sind.

Einzelheiten: Mitursächlichkeit der Tätigkeit des HV liegt auch vor, wenn die Bemühungen des HV zunächst erfolglos waren, sich der Kunde jedoch später unmittelbar an den Unternehmer wendet und es zum Vertragsschluß kommt. Ebenso: Der Unternehmer schaltet den HV, der den Abschluß vorbereitet hat, aus und führt diesen nun selbst herbei (RGH RR 33, 940). Der HV hat darzulegen und im Bestreitensfalle zu beweisen, daß sein Beitrag mitursächlich war. Der Nachweis der Betätigung in Richtung auf den Abschluß und das Zustandekommen des Geschäftes gibt dem HV einen Beweis des ersten Anscheines. Dieser wird erschüttert, wenn der Unternehmer eine ernsthafte Möglichkeit dartut, die eine Mitursächlichkeit der Tätigkeit des HV ausschließt. „Nachbestellungen" von Kunden führen ebenfalls zu einer Provisionverpflichtung des Unternehmers. Hierunter fallen solche Geschäfte, die nicht unmittelbar auf die Tätigkeit des Vertreters zurückzuführen sind, aber mit von ihm (für gleichartige Geschäfte) geworbenen Kunden geschlossen wurden. Zum → Bezirks- und Kundenkreisschutz siehe dort.

Abweichende Vereinbarungen bleiben möglich (BGH BB 1978, 1136; BGH vom 21. 11. 1966, VII ZR 240/64; vom 22. 12. 1966, VII ZR 119/64). Ebenso kann der Provisionsanspruch auch für die bei Beendigung des Vertragsverhältnisses noch nicht ausgelieferten Waren ausgeschlossen werden (BGHZ 33, 92 = NJW 1960, 1996). Unabdingbar sind dagegen die Vorschriften über Entstehung und Fälligkeit des Provisionsanspruches (§ 87a Abs. 3 und 4) und die Rechte des HV im Rahmen der Abrechnung (§ 87c HGB). Enthält der HV-Vertrag Vereinbarungen, die gegen zwingendes Recht verstoßen, so ist nicht etwa der ganze Vertrag nichtig; vielmehr gelten im Umfang der widersprechenden Abreden die zwingenden gesetzlichen Vorschriften (BGH NJW 1964, 350). Schweigt der HV auf Mitteilung des Unternehmers, er werde auf Direktgeschäfte mit einem bestimmten Kunden keine Provision mehr zahlen, so gilt dies i. d. R. nicht als Zustimmung (OLG Nürnberg BB 1957, 560).

Der Anspruch auf Provision besteht nur für *während des Vertragsverhältnisses* abgeschlossene Geschäfte. Für Nachbestellungen nach Vertragsende ist der Unternehmer daher nicht provisions-

Provisionsanspruch

pflichtig (BGH BB 1957, 1086). Besonderheiten können sich jedoch ergeben, wenn der HV ein Geschäft vorbereitet hat (§ 87 Abs. 3 HGB). Unerheblich ist auch, ob die *Ausführung* des Vertrages vor oder nach Vertragsende erfolgt. Die Parteien können jedoch vereinbaren, daß die Ausführung des Geschäftes vor Vertragsende erfolgen muß. *Abschlüsse nach Vertragsende* sind dann provisionspflichtig, (1) wenn der HV sie vermittelt hat oder (2) er sie eingeleitet und so vorbereitet hat, daß der Abschluß überwiegend auf seine Tätigkeit zurückzuführen ist und das Geschäft innerhalb einer angemessenen Frist nach Beendigung des Vertragsverhältnisses abgeschlossen wird oder wenn (3) vor Beendigung des Vertragsverhältnisses das Angebot des Dritten zum Abschluß eines Geschäftes, für das der HV Anspruch auf Provisionen hat, dem HV oder dem Unternehmer zugegangen ist (§ 87 Abs. 3 HGB). „Vermitteln" bedeutet nach der Regierungsbegründung zum Gesetzentwurf, daß der HV schon das Angebot des Kunden dem Unternehmer zugehen läßt. Bei einem *Sukzessiv-Lieferungsvertrag* sind auch Bestellungen und Abrufe nach Vertragsende provisionspflichtig. Anders bei einem bloßen *Bezugsvertrag*, in dessen Rahmen es stets zu neuen Vertragschlüssen kommt. Für Abschlüsse nach Vertragsende besteht eine Provisionspflicht nur *innerhalb einer angemessenen Frist*. Für die Bestimmung dieses Zeitraumes muß auf die Art des geschlossenen oder beabsichtigten Geschäftes abgestellt werden. Für Abrufware gilt eine kürzere Frist als für speziell für den Kunden anzufertigende Maschinen. Ausnahmsweise kann auch eine Frist von zwei Jahren noch angemessen sein (von Gamm NJW 1979, 2492). Zur →Inkassoprovision siehe dort. Der Anspruch ist *fällig*, sobald und soweit *der Unternehmer* das Geschäft ausgeführt hat. Eine abweichende Vereinbarung kann getroffen werden; jedoch hat der HV mit der Ausführung des Geschäftes durch den Unternehmer Anspruch auf einen angemessenen Vorschuß, der spätestens am letzten Tag des folgenden Monats fällig ist (§ 87a Abs. 1 HGB). Unabhängig von einer Vereinbarung hat jedoch der HV Anspruch auf Provision, sobald und soweit *der Dritte* das Geschäft ausgeführt hat. Hierdurch wird der Charakter der Provisions als *Erfolgsvergütung* unterstrichen. Die Provision ist daher an den Abschluß des Geschäftes geknüpft. Eine (rechtlich wirksame) Anfechtung des abgeschlossenen Geschäftes, ein vorbehaltener Widerruf oder der Eintritt einer auflösenden Bedingung

Provisionsanspruch

führt dazu, daß Provisionsansprüche von vornherein nicht mehr bestehen. Gibt der Unternehmer Materialreste nach beiderseitiger Ausführung des Geschäftes aus *Kulanz* zurück, scheidet eine Rückforderung eines entsprechenden Provisionsanteiles beim HV aus. Anders nur dann, soweit die vermittelten Verträge mit den Kunden von vornherein die Zusage des Kunden enthalten haben, nicht benötigte Materialreste gegen volle Vergütung des Kaufpreises zurückzunehmen. Da die Leistungspflicht des Kunden in diesem Fall nach dem Willen aller Beteiligten von Anfang an teilweise auflösend bedingt war, kann der Unternehmer bei einer Materialrücknahme die entsprechenden Provisionsanteile vom HV wegen des teilweisen Wegfalls der Grundlage des Provisionsanspruches zurückfordern (BGH DB 1990, 2592). Der HV kann grundsätzlich nicht *Ersatz des Schadens verlangen, der dem HV durch Nichtabschluß eines von ihm vermittelten Geschäftes entsteht*, weil der HV keinen Anspruch gegen den Unternehmern auf Abschluß eines vom HV vermittelten Geschäftes hat. Anders, wenn dies in Schädigungsabsicht oder objektiv dem HV gegenüber willkürlich diskriminierend geschieht (→ Gleichbehandlungsgrundsatz). Der Unternehmer hat jedoch die Pflicht, den HV rechtzeitig von der Absicht, die Abschlüsse einzuschränken, zu unterrichten (§ 86a Abs. 2 HGB). Unter Umständen liegt hierin auch ein Grund zur fristlosen Kündigung des Vertrages durch den HV (§ 89a Abs. 1 HGB). Die Provision ist *fällig*, sobald und soweit entweder der Unternehmer oder der Dritte das Geschäft ausgeführt hat (s. o.). Bei *Teillieferungen* kommt es auf das Wertverhältnis zwischen gelieferten und noch zu lieferndem Teil an. Steht fest, daß der Dritte nicht leistet, so entfällt der Anspruch auf Provision; bereits empfangene Beträge sind rückzugewähren (§ 87a Abs. 2 HGB). Erst durch die Leistung des Dritten steht daher endgültig fest, ob der HV die erhaltene Provision behalten kann. Der Leistung des Dritten steht die Zahlung von Schadensersatz oder sonstigen Ersatzleistungen durch den Dritten oder einer Versicherung gleich. Zulässig ist jedoch auch eine Vereinbarung, wonach die Provision nicht schon bei Ausführung durch den Unternehmer, sondern erst bei Ausführung durch den Geschäftsgegner, z. B. Zahlung des Kaufpreises verdient ist. In diesem Fall hat der HV jedoch (unabdingbar) einen Anspruch auf Vorschuß nach der Ausführung durch den Unternehmer. Die Höhe eines angemessenen Vorschusses bestimmt

Provisionsanspruch

sich insbesondere nach den Interessen beider Seiten, insbesondere dem Interesse des HV auf angemessene Entlohnung und dem Interesse des Unternehmers grundsätzlich keine Insolventsrisiken des HV einzugehen, ohne daß die Geschäftserfüllung zumindest wahrscheinlich ist. Die Nichtleistung des Dritten, die zum Entfallen des Anspruches auf Provision führt, liegt insbesondere vor, wenn der Dritte zahlungsunfähig ist und voraussichtlich auf absehbare Zeit bleiben wird (BGH WM 1984, 271). Die bloße Vermutung oder Annahme der Zahlungsunfähigkeit reicht nicht (OLG Celle BB 1972, 594). Grundsätzlich muß der Unternehmer auch seine Ansprüche bei kleineren Geschäften mit Nichtabnahme und Zahlungswilligen Kunden gerichtlich durchsetzen (BGH DB 1983, 2136). Der *Untervertreter* hat keinen Anspruch auf Provisionszahlung wenn der Endabnehmer zwar an den Unternehmer leistet, dieser aber keine Provisionszahlung an den HV erbringt (BGHZ 91, 370). Die bloße Kündigung eines Werk- oder Werklieferungsvertrages durch den Dritten führt grundsätzlich nicht zum Entfallen der Vergütung nach § 649 BGB (BGH WM 1984, 271), so daß die Provisionspflicht hierdurch grundsätzlich nicht entfällt. Erläßt der Unternehmer dem Dritten die Schuld oder heben beide Vertragsteile den Vertrag einvernehmlich auf, so führt dies nicht zum Entfallen der Provision. Es gilt hier der allgemeine Rechtsgedanke: Wird der Eintritt der Bedingung von der Partei, zu deren Nachteil er gereichen würde, wider Treu und Glauben verhindert, so gilt die Bedingungen als eingetreten (§ 162 Abs. 1 BGB).

Anderes gilt im Falle begründeter Anfechtung durch den Unternehmer, da der Vertrag in diesem Fall von Anfang an als nichtig anzusehen ist (§ 142 Abs. 1 BGB). Der Rückzahlungsanspruch des Unternehmers ist ab Fälligkeit zu verzinsen (§§ 353, 352, 354 Abs. 2, 3431 Abs. 2 Nr. 7 HGB). Der HV hat auch dann Anspruch auf Provision, wenn feststeht, *daß der Unternehmer das Geschäft ganz oder teilweise nicht oder nicht so ausführt,* wie es abgeschlossen worden ist. Der Anspruch entfällt im Falle der Nichtausführung, wenn und soweit diese auf Umständen beruht, die vom Unternehmer nicht zu vertreten sind (§ 87a Abs. 3 HGB). Beispiele: Material- oder Transportsperre, Preisstop im ehemaligen Interzonenhandel (LAG Düsseldorf BB 1960, 1075), radikale Verteuerung; nicht aber Lieferschwierigkeiten beim Vorlieferer, Schwierigkeiten im eigenen Betrieb oder mit der eigenen Finan-

Provisionsanspruch

zierung; Verschulden von Erfüllungsgehilfen (§ 278 BGB), Konkurs (a. A. bei „schuldlosem" Konkurs: RGZ 63, 71). Liegt in der Person des Dritten ein wichtiger Grund vor, der es dem Unternehmer unzumutbar macht, das Geschäft auszuführen, so war bereits nach bisherigen Gesetzeswortlaut von einem Entfallen des Provisionsanspruches auszugehen. Nach der ab dem 1. 1. 1990 in Kraft getretenen Gesetzesfassung ist dieser Fall jedoch vom Wortlaut nicht mehr erfaßt. Es kommt hiernach ausschließlich darauf an, ob die Nichtausführung vom Unternehmer nicht zu vertreten ist. Dies wird auch dann zu bejahen sein, wenn der Unternehmer an einen insolventen Dritten nicht liefert. Der Provisionsanspruch muß daher auch nach der Neufassung in diesem Fall entfallen. *Beweislast:* Macht der HV trotz Nichtausführung des Geschäftes Provisionsansprüche geltend, so hat er darzutun, daß die Nichtausführung feststeht. Der Unternehmer kann einwenden und hat notfalls zu beweisen, daß die Nichtausführung auf Umständen beruht, die von ihm nicht zu vertreten sind. *Fälligkeit:* Der Anspruch auf Provision wird am letzten Tag des Monats fällig, in dem über den Anspruch abzurechnen ist (§ 87c Abs. 1, § 87 Abs. 4 HGB) Hiervon wie auch von § 87a Abs. 3 *abweichende Vereinbarungen* können nicht getroffen werden. *Provisionshöhe:* Ist die Höhe der Provision nicht bestimmt, so ist der übliche Satz als vereinbart anzusehen. Die Provision ist von dem Entgelt zu berechnen, das der Dritte oder der Unternehmer zu leisten hat. Nachlässe bei Barzahlungen sind nicht abzuziehen; dasselbe gilt für Nebenkosten, namentlich für Fracht, Verpackung, Zoll, Steuern, es sei denn, daß die Nebenkosten dem Dritten besonders in Rechnung gestellt sind. Die Umsatzsteuer, die lediglich aufgrund der steuerrechtlichen Vorschriften in der Rechnung gesondert ausgewiesen ist, gilt nicht als besonders in Rechnung gestellt (§ 87b Abs. 1 und 2 HGB). Bei Gebrauchsüberlassungs- und Nutzungsverträgen von bestimmter Dauer ist die Provision vom Entgelt für die Vertragsdauer zu berechnen. Bei unbestimmter Dauer ist die Provision vom Entgelt bis zu dem Zeitpunkt zu berechnen, zu dem erstmals von dem Dritten gekündigt werden kann; der HV hat Anspruch auf weitere entsprechend berechnete Provisionen, wenn der Vertrag fortbesteht (§ 87b Abs. 3 HGB).

Üblicherweise erfolgt die Berechnung der Provision nach der Formel: Provision = x % von y. Denkbar ist auch eine Provision

Provisionsanspruch

nach Stückzahl, Gewicht oder verkaufter Ware. Zulässigerweise können auch verschiedene Kriterien kombiniert vereinbart und für eine Provisionsberechnung maßgeblich vereinbart werden. Fehlt eine Vereinbarung über die Höhe der Provision, gilt der übliche Provisionssatz. Maßgeblich ist die Üblichkeit im räumlichen und sachlichen Arbeitsgebiet des HV (OLG Stuttgart BB 1977, 565). Läßt sich eine Übung nicht feststellen, so wird man dem HV ein Bestimmungsrecht nach billigem Ermessen im Wege der ergänzenden Vertragsauslegung zubilligen (§§ 316, 315 Abs. 1 BGB; § 242 BGB). *Vorteile* des Unternehmers, z. B. ein Preisnachlaß auf die Gegenlieferung, zählen, soweit materiell meßbar, für den HV mit. Der Unternehmer hat sie dem HV zu offenbaren.

Dagegen sind bei Vertragsschluß vereinbarte Nachlässe, da sie das geschuldete Entgelt mitbestimmen, für die Provisionsberechnung heranzuziehen.

Anders im Falle der *Skontovereinbarung*. Die *Mehrwertsteuer* ist, wenn sie gesondert ausgewiesen wird, provisionspflichtig (BGH BB 1977, 429; BAG BB 1983, 197). Zu dem im Gesetz aufgeführten *Dauerverträgen* gehören solche mit einem nach Zeitabschnitten vorausbestimmten Entgelt, z. B. Miet-, Dienst- und Versicherungsverträge, *nicht* dagegen Lizenzverträge mit Stück- oder Umsatzlizenz, Verlagsverträge mit Autorbeteiligung oder Lieferabonnements. Bei *vorzeitigem Ende* des Dauervertrages erhält der HV eine Teilprovision für den begonnen, jedoch nicht vollendeten Vertragsabschnitt (§ 87a Abs. 1 Satz 1, 3, 4 HGB).

Abrechnung der Provision: Der Unternehmer hat über die Provision monatlich abzurechnen; der Abrechnungszeitraum kann auf höchstens drei Monate erstreckt werden. Die Abrechnung hat unverzüglich, spätestens bis zum Ende des nächsten Monats zu erfolgen (§ 87c Abs. 1 HGB). Der HV kann bei der Abrechnung einen Buchauszug über alle Geschäfte verlangen, für die ihm nach § 87 Provision gebührt (§ 87c Abs. 2 HGB). Der HV kann außerdem Mitteilung über alle Umstände verlangen, die für den Provisionsanspruch, seine Fälligkeit und seine Berechnung wesentlich sind (§ 87c Abs. 3 HGB). Wird der Buchauszug verweigert oder bestehen begründete Zweifel an der Richtigkeit oder Vollständigkeit der Abrechnung oder des Buchauszuges, so kann der HV verlangen, daß nach Wahl des Unternehmers entweder ihm oder einem von ihm zu bestimmenden Wirtschaftsprüfer oder vereidigten Buchsachverständigen Einsicht in die Geschäftsbücher oder die sonstigen Urkunden soweit gewährt wird, wie dies zur Feststellung der Richtigkeit oder Vollständigkeit der Abrechnung oder des Buchauszuges erforderlich ist (§ 87c Abs. 4 HGB). Diese Rechte des HV können nicht ausgeschlossen oder beschränkt werden (§ 87c Abs. 5 HGB). Die Abrechnung ist ein abstraktes Schuldanerkenntnis des Unternehmers (§ 781 BGB). Will der Unternehmer die Abrechnung zu seinen Gunsten ändern, muß er die Unrichtigkeit der Abrechnung dartun und sein Anerkenntnis zurückfordern (§§ 812ff. BGB; Stötter, DB 1983, 867; Sietzen WM 1985, 213). Die Ansprüche auf Rechnungslegung und Auskunft sind mit dem Provisionsanspruch abtretbar und können im Konkurs des Unternehmers gegen diesen persönlich geltend gemacht werden (LG Neustadt, MDR 1965, 298). Der HV kann auf Abrechnung klagen und diese Klage mit einem Antrag auf Zahlung des aus der Abrechnung hervorgehenden Schuldbetrages verbinden (§ 254 ZPO). Gleiches gilt für die Klage auf Gestattung der Einsicht. Der Provisionsanspruch verjährt in vier Jahren, beginnend mit dem Schluß des Jahres, in dem er fällig geworden ist (§ 88 HGB). Ist der Provisionsanspruch verjährt oder aus anderen Gründen nicht mehr durchsetzbar, entfällt auch das Rechtsschutzbedürfnis für eine Abrechnung oder einen Buchauszug (BGH NJW 1979, 784).

R

Rügelast. Ist der Kauf für beide Teile ein Handelsgeschäft, so hat der Käufer die Ware unverzüglich nach der Ablieferung durch den Verkäufer, soweit dies nach ordnungsgemäßem Geschäftsgange tunlich ist, zu untersuchen und, wenn sich ein Mangel zeigt, dem Verkäufer unverzüglich Anzeige zu machen (§ 377 Abs. 1 AGB). Unterläßt der Käufer die Anzeige, so gilt die Ware als genehmigt, es sei denn, daß es sich um einen Mangel handelt, der bei der Untersuchung nicht erkennbar war (§ 377 Abs. 2 HGB). Zeigt sich später ein solcher Mangel, so muß die Anzeige unverzüglich nach der Entdeckung gemacht werden; andernfalls gilt die Ware auch in Ansehung dieses Mangels als genehmigt (§ 377 Abs. 3 HGB). Zur Erhaltung der Rechte des Käufers genügt die rechtzeitige Absendung der Anzeige (§ 377 Abs. 4 HGB). Hat der Käufer den Mangel arglistig verschwiegen, so kann er sich hierauf jedoch nicht berufen (§ 377 Abs. 5 HGB). Hierdurch soll der Verkäufer angesichts der „Beweisnot, in die er mit zunehmenden Zeitablauf zu geraten droht, in die Lage versetzt werden, möglichst bald den Beanstandungen durch den Käufer nachzugehen, gegebenenfalls Beweis sicherzustellen und zudem zu prüfen, ob er – insbesondere wenn die gesetzlichen Gewährleistungsrechte zu Gunsten eines Nachlieferungs- oder Nachbesserungsrechtes abbedungen sind – den als sicher oder möglicherweise berechtigt erkannten Beanstandungen nachkommen und damit einen etwaigen Rechtsstreit vermeiden will. Gleichzeitig soll er gegen ein Nachschieben anderer Beanstandungen durch den Käufer geschützt werden" (BGH BB 1978, 1489). Die *Obliegenheit* unverzüglicher Rüge hat daher Einfluß darauf, ob der Käufer gegen den Verkäufer Gewährleistungsrechte durchsetzen kann. Nach dem Wortlaut gilt dies nur für Kaufverträge. Die Rechtsprechung erfaßt hierunter jedoch auch Tauschverträge, Werklieferungsverträge sowie kaufähnliche Geschäfte. Ein *beiderseitiges* Handelsgeschäft setzt voraus, daß beide Teile Kaufleute, d. h. mindestens Minderkaufleute sind. Die Ausdehnung auf selbständige Berufe ist umstritten. Die von der Rügelast erfaßte Lieferung kann die Lieferung einer Ware mit einem Mangel zum Gegenstand haben (erster Fall), ebenso wie

Rügelast

eine falsche Lieferung (zweiter Fall) oder eine zu viel oder zu wenig Lieferung (dritter Fall). Bei Rechtsmängeln, Verspätung einer Lieferung, Lieferung am falschen Ort oder in falscher Weise greift die Rügelast nicht ein. Mangels rechtzeitiger Rüge des Fehlers gilt die Ware (beim finanzierten Kauf auch gegenüber der Bank) als genehmigt (BGH NJW 1980, 784). Der Käufer verliert die Gewährleistungsrechte sowie Ansprüche aus positiver Vertragsverletzung, unabhängig davon, ob ein Sachmangel oder eine Falschlieferung vorliegt. Verletzt der Verkäufer jedoch nur die Nebenpflicht zu ordnungsgemäßer Verpackung, so tritt ein Rechtsverlust nicht ein, wenn der Käufer nicht rechtzeitig gerügt hat (BGHZ 66, 213). Dagegen entfallen Ansprüche aus unerlaubter Handlung bei nicht rechtzeitiger Rüge (BGHZ 66, 315). Die Rügepflicht kann durch *Vertrag, Handelsbrauch oder AGB* verschärft, gemildert oder aufgehoben werden, z. B. durch das Erfordernis schriftlicher Rüge oder einer Rüge innerhalb einer bestimmten Frist (BGH BB 1977, 14). Versäumt der Käufer die unverzügliche Rüge, so ist dies ohne Folgen, wenn der Verkäufer den Mangel arglistig verschwiegen, wenn er das Fehlen einer zugesicherten Eigenschaft nicht offenbart oder einen Vorzug arglistig vorgespiegelt hat. Eine *mangelhafte* Lieferung ist jede Abweichung der Beschaffenheit des gelieferten, des verkauften und gelieferten bzw. des zur Erfüllung der Gattungsschuld gelieferten Stücks vom vertraglich Vereinbarten, dem gesetzlich Geschuldeten oder dem durch den Handelsbrauch Konkretisierten. Weicht die gelieferte Ware jedoch offensichtlich von der Bestellung so erheblich ab, daß der Verkäufer die Genehmigung des Käufers als ausgeschlossen betrachten muß, so besteht keine Rügelast des Käufers (§ 378 BGB). Besteht eine Rügelast, so hat der Käufer unverzüglich, d. h. ohne schuldhaftes Zögern (§ 121 BGB), zu untersuchen und den Mangel anzuzeigen. Eine Rüge erst zwei Wochen nach Entdeckung des Mangels ist in der Regel verspätet (BGHZ 93, 348). Begnügt sich der Käufer nach erster rechtzeitiger Rüge mit einer Nachbesserung durch den Verkäufer und ist auch diese fehlerhaft, muß der Käufer erneut rügen (BGH NJW 1983, 1496). Für die Rüge reicht auch ein mehrfacher erfolgloser Versuch des Telefonanrufes nicht (BGHZ 93, 349; BGH NJW 1980, 782). Die Rüge ist formfrei und kann mündlich oder fernmündlich erklärt werden. Die Anzeige muß Art und Umfang der Mängel erkennen lassen, ebenso, auf welche von mehreren Liefe-

Rügelast

rungen sich die Rüge bezieht. Bei *mehreren* Wirtschaftsstufen steht dem Zwischenhändler grundsätzlich keine verlängerte Rügefrist zu.

Dieser kann grundsätzlich nicht abwarten, bis sein Abnehmer die Ware geprüft und gegebenenfalls gerügt hat (offenlassend BGH BB 1978, 1490). Hat der Verkäufer unmittelbar an den Abkäufer zu liefern (*Durchlieferung*) und war der Verkäufer hiermit einverstanden, so kann entweder der Zwischenverkäufer oder der Abnehmer unverzüglich beim Verkäufer rügen (RG 96, 14). Eine zeitliche Verzögerung die dadurch entsteht, daß der Abnehmer gegenüber dem Zwischenhändler und dieser erst gegenüber dem Verkäufer rügt, ist unerheblich. Der Zwischenhändler muß dem Abnehmer auch nicht auf eine besondere Eile hinweisen (s. a. →Joint Ventures, →Kartellrecht).

S

Schneeballsystem. Der Verkäufer einer Ware stellt seinen Kunden in Aussicht, einen Teil des Kaufpreises zu erlassen oder zu erstatten, sofern der Kunde neue Kunden wirbt, die gleichermaßen in das System eingespannt werden (progressive Kundenwerbung). Zum Teil wird auch vereinbart, daß der Kunde das von ihm angezahlte Geld verliert, wenn er die Bedingungen der Werbung (in „geometrischer Reihe") nicht erfüllt. Im Einzelfall kann hierin eine strafbare Ausspielung (§ 286 Abs. 2 StGB) liegen. Strafbar macht sich auch, wer es im geschäftlichen Verkehr selbst oder durch andere unternimmt, Nichtkaufleute oder Minderkaufleute zur Abnahme von Waren, gewerblichen Leistungen oder Rechten durch das Versprechen zu veranlassen, ihnen besondere Vorteile für den Fall zu gewähren, daß sie andere zum Abschluß gleichartiger Geschäfte veranlassen, denen ihrerseits nach der Art ihrer Werbung derartige Vorteile eine entsprechende Werbung weiterer Abnehmer gewährt werden sollen (§ 6c UWG). I. ü. liegt i. d. R. ein Wettbewerbsverstoß nach §§ 1, 3 UWG vor, da den Kunden der (unzutreffende) Eindruck vermittelt wird, die Bedingungen kostenlosen oder verbilligten Erwerbes ohne weiteres erfüllen zu können.

Schriftform → Form des Vertriebsvertrages

Selektiver Vertrieb. Von einem selektiven Vertrieb oder einem selektiven Vertriebssystem spricht man, wenn ein Hersteller sich gegenüber einem Abnehmer verpflichtet, nur einen bestimmten Kreis von Händlern zu beliefern, z. B. in dem er seine Händler verpflichtet, nicht an nicht autorisierte Wiederverkäufer zu verkaufen, oder er seine Großhändler verpflichtet, die Ware nur an bestimmte Fachhändler weiterzuveräußern. Rein qualitative Bindungen sind grundsätzlich zulässig und fallen nicht unter das Verbot von Artikel 85 Abs. 1 EWG-Vertrag, wenn die Auswahl der Wiederverkäufer aufgrund objektiver Gesichtspunkte qualitativer Art erfolgt, die sich auf die fachliche Eignung des Wiederverkäufers, seines Personals und seiner sachlichen Ausstattung beziehen, und sofern diese Voraussetzungen einheitlich für alle in

Selektiver Vertrieb

Betracht kommenden Wiederverkäufer festgelegt und ohne Diskriminierung angewandt werden (EuGH GR Int. 1978, 254 – Metro I – 1984, 28 ff. – AEG; 1986, 51 – Binon; 1986, 403 – Swatch).

Weitergehende Pflichten des Händlers, zum Aufbau und zur Verstärkung des Vertriebsnetzes beizutragen, bestimmte Waren abzunehmen und einen bestimmten Umsatz zu erzielen, fallen unter Artikel 85 Abs. 1 EWG-Vertrag, können jedoch nach Artikel 85 Abs. 3 EWG-Vertrag freigestellt werden. Ohne ein rechtlich wirksames selektives Vertriebssystem verstößt ein Unternehmer dann gegen Artikel 85 Abs. 1 EWG-Vertrag, wenn er die Herstellergarantie auf die Kunden seiner Vertragshändler beschränkt und hierdurch diese und ihre Wiederverkäufer gegenüber Parallelimporten- und händlern privilegiert werden. Dies gilt auch dann, wenn das gleiche Ergebnis auf einem rechtlich zulässigen Wege, nämlich im Rahmen eines vertraglich selektiven Vertriebsbindungssystem erreicht werden könnte (BGH GRUR 1988, 327, 329 – Cartier-Uhren). Grundsätzlich hat auch ein marktstarker Hersteller ein berechtigtes Interesse daran, sein Bezugs- und Absatzsystem nach eigenem Ermessen auszugestalten. Auch durch § 26 Abs. 2 GWB (→ Gleichbehandlungsgrundsatz) wird der Unternehmer grundsätzlich nicht gehindert, sein Absatzsystem nach eigenem Ermessen so zu gestalten wie er es für richtig und wirtschaftlich sinnvoll hält (BGHZ 38, 90, 102; BGH GR 1989, 202, 221 – Lüsterbehangsteine). Liegt ein schriftlicher (§ 34 GWB) und wirksamer Vertriebsbindungsvertrag vor, so kann der Hersteller gegen den Abnehmer, der diese Vereinbarung nicht einhält, vertragliche Unterlassungsansprüche geltend machen (§ 241 Satz 2 BGB). Der Abnehmer ist bei schuldhafter Zuwiderhandlung zum Schadensersatz verpflichtet (§§ 325 Abs. 1 Satz 1, 280 BGB). Da der Nachweis des Schadens schwierig ist, vereinbaren die Parteien vielfach eine Vertragsstrafe, die bei einer schuldhaften Zuwiderhandlung verwirkt ist. Auch kann der Hersteller vom Händler Auskunft auf Namensnennung der Abnehmer verlangen (BGH GRUR 1974, 351). Zugleich verhält sich der gebundene Händler wettbewerbswidrig, wenn er das lückenlose Vertriebsbindungssystem mißachtet und sich über die hierdurch geschaffene konforme Wettbewerbslage hinwegsetzt, um sich so einen ungerechtfertigten Vorsprung vor den vertragstreuen gebundenen Mitbewerbern zu verschaffen.

Spezialisierungsvereinbarungen

Jeder Mitbewerber, aber auch der Hersteller, kann insoweit Unterlassung verlangen (§ 13 Abs. 2 Nr. 1 UWG). Ansprüche des Herstellers gegenüber dem Händler setzen voraus, daß die Vertriebsbindung theoretisch und praktisch lückenlos ist (→Graumarkt). Ein Vorgehen gegen Außenseiter ist für den vertriebsbindenden Hersteller möglich im Falle des Schleichbezuges, der Verleitung zum Vertragsbruch oder der Ausnutzung fremden Vertragsbruches (→Graumarkt).

Vielfach versucht der Hersteller durch Codenummern festzustellen, an wen der vertriebsgebundene Händler die Ware geliefert hat, ggf. auch, ob dieser wiederum verpflichtet wurde, die Ware nur an Letztverbraucher oder an vertriebsgebundene Dritte zu veräußern. Diese Codenummern sollen dazu dienen, die praktische Lückenlosigkeit eines selektiven Vertriebssystems durchzusetzen, die Vertriebswege zu überwachen und durch Vertragsbruch entstandene Lücken wieder zu schließen. Die Beseitigung dieser Nummern durch den vertraglich gebundenen Händler stellt daher eine positive Vertragsverletzung des Händlers gegenüber dem Hersteller dar. Der Hersteller kann vom Händler Unterlassung und/oder Schadensersatz verlangen. Daneben kann der Hersteller gegen einen Außenseiter vorgehen, der die Codierung selbst entfernt oder codierte Waren in Kenntnis aller Umstände vom Vorlieferanten bezieht und weitervertreibt. Dies setzt das Bestehen einer rechtswirksamen Vertriebsbindung voraus. Liegt hingegen keine rechtlich wirksame Vertriebsbindung vor, wonach der Hersteller zulässigerweise den Vertrieb seiner Waren auf bestimmte Abnehmer beschränken kann, so verstößt weder die Entfernung der Codenummern, noch der Vertrieb der decodierten Ware gegen das Wettbewerbsrecht (§ 1 UWG: BGH GRUR 1988, 823, 825; GRUR 1988, 826, 828, BGH WRP 1989, 366; v. Gamm 1989, 377).

Lit.: Fetzer GRUR 1990, 551; EG-Mitteilungen WuW 1991, 203 zu Yves-Saint-Laurent-Parfums).

Spezialisierungsvereinbarungen. Die →Gruppenfreistellung von Spezialisierungsvereinbarungen (VO Nr. 417/85 der Kommission vom 19. 12. 1984 AblEG Nr. L 53 vom 22. 2. 1985, Seite 1) stellt bestimmte Gruppen von Vereinbarungen, Beschlüssen und aufeinander abgestimmten Verhaltensweisen vom Kartellverbot nach Artikel 85 EWG-Vertrag frei, welche die Spezialisie-

Spezialisierungsvereinbarungen

rung einschließlich der zu ihrer Durchführung erforderlichen Abreden zum Gegenstand haben. Der Grund hierfür wird in der Verordnung selbst genannt: „Vereinbarungen über die Spezialisierung der Produktion tragen im allgemeinen zur Verbesserung der Warenerzeugung oder Warenverteilung bei, weil sich die Unternehmen auf die Herstellung bestimmter Erzeugnisse konzentrieren, dadurch rationeller arbeiten und preisgünstiger anbieten können. Bei wirksamem Wettbewerb ist zu erwarten, daß die Verbraucher am entstehenden Gewinn angemessen beteiligt werden" (Erwägungsgrund III). Die Verordnung bezieht sich auf Vereinbarungen zwischen Unternehmen, bestimmte Erzeugnisse weder herzustellen noch herstellen zu lassen und es ihren Vertragspartner zu überlassen, diese Erzeugnisse herzustellen oder herstellen zu lassen, sowie darauf, bestimmte Erzeugnisse nur gemeinsam herzustellen oder herstellen zu lassen. Die Verordnung greift jedoch nur ein, wenn der Gesamtumsatz der beteiligten Unternehmen innerhalb eines Geschäftsjahre 500 Millionen ECU nicht überschreitet (Schwellenwert). Ist dies der Fall, besteht gleichwohl die Möglichkeit der Einzelfreistellung durch die EG-Kommission.

T

Time-Sharing. Das Time-Sharing ist insbesondere ein steuerrechtlich begründetes Modell zum Vertrieb von Ferienwohnrechten, die zeitlich befristet und in der Regel nicht an ein Objekt gebunden sind. Es lassen sich hierbei verschiedene Beteiligte unterscheiden: Der Promotor oder Initiator erwirbt die Grundstücke selbst oder über eine Grundstücksgesellschaft, wählt die übrigen Beteiligten aus und regelt die Art der Nutzung zwischen den Berechtigten. Der Eigentümer ist entweder der Promotor oder eine reine Besitzgesellschaft. Der Verwalter übernimmt neben der Verwaltung des Ferienprojektes in der Regel die Ausgabe der Nutzungszertifikate. Der Club besitzt die Anteile an der Grundstücksgesellschaft, welche die Nutzungszertifikate auf die Clubmitglieder überträgt. Zertifikat und Mitgliedschaft gehören so untrennbar zusammen. In der Regel verwaltet ein Treuhänder die Aktien der Grundstücksgesellschaft für den Club.
  Lit.: Selling, RIW 1990, 904.

Tod oder Geschäftsunfähigkeit des Auftraggebers führen nicht zum Erlöschen des Auftrages. Umgekehrt führt der Tod des Beauftragten zum Erlöschen des Auftrages (§§ 672, 673 BGB). Diese Regelungen sind auf den Handelsvertreter anwendbar.

Trade terms sind ebenso wie Incoterms → Allgemeine Geschäftsbedingungen, die für bestimmte Handelsgeschäfte Anwendung finden sollen (z. B. die Klauseln „ab Werk", „CIF" u. a.). Diese Klauseln unterliegen der Inhaltskontrolle nach dem AGB-Gesetz.

U

Umsatzgarantien können zwischen Unternehmer und Handelsvertreter vereinbart werden, etwa daß der HV bei Nichterreichen eines bestimmten Umsatzes für alle Schäden einsteht, die dem Unternehmer (z. B. durch Aufwendungen) hieraus erwachsen, oder der HV auf die von ihm vermittelten, den Garantiebetrag jedoch nicht erreichenden Geschäfte keine oder lediglich eine verminderte Provision erhält oder der Unternehmer zur außerordentlichen Kündigung des Vertrages berechtigt ist.

Untersuchungslast → Rügelast.

Untervertreter. Der Untervertreter ist ebenfalls → Handelsvertreter (§ 84 Abs. 3 HGB, BGHZ 91, 373). Es liegen hier zwei Vertragsverhältnisse vor, einerseits zwischen dem Unter- und dem General- (oder Haupt-) vertreter, andererseits zwischen dem General- (oder Haupt-) vertreter und dem Unternehmer. Der Untervertreter ist jedoch Erfüllungsgehilfe des Generalvertreters in dessen Vertragsverhältnis zum vertretenden Unternehmer (§ 278 BGB).

V

Verlängerung des Vertrages. Die Verlängerung eines befristeten oder durch Kündigung endenden Vertrages kann durch ausdrückliche Vereinbarung (die, soweit sie Wettbeschränkungen enthält, der Schriftform bedarf, § 34 GWB) oder stillschweigend erfolgen. Im Handelsvertretervertrag gilt die Regel aus dem Dienstvertrag entsprechend, wonach das Dienstverhältnis als auf unbestimmte Zeit verlängert gilt, wenn es nach Ablauf der Dienstzeit von dem Verpflichteten mit dem Wissen des anderen Teils fortgesetzt wird und der andere Teil nicht unverzüglich widerspricht (§ 625 BGB). Setzt der Handelsvertreter daher seine Tätigkeit für den Unternehmer nach Beendigung des Vertrages fort, so gilt dieser als auf unbestimmte Zeit verlängert, sofern nicht der Unternehmer unverzüglich, d. h. ohne schuldhaftes Zögern (§ 121 BGB) widerspricht. Eine Anwendung dieser Regelung auf den Vertragshändler und den Franchisenehmer scheitert in der Regel schon daran, daß Vertragshändlerverträge und Franchisevereinbarungen der Schriftform bedürfen (§ 34 GWB). S. a. →Form vertriebsrechtlicher Verträge.

Vertragsdauer. Eine bestimmte Vertragsdauer ist in vertriebsrechtlichen Verträgen nicht vorgesehen. Eine Inhaltskontrolle von Vertragslaufzeiten nach dem AGB-Gesetz scheitert in der Regel daran, daß ein vergleichbarer Gerechtigkeitsgehalt gesetzlicher Regelungen über Vertragslaufzeiten zumeist nicht besteht (§ 8 AGBG). Grundsätzlich sind auch durch die Festlegung von Vertragslaufzeiten keine kartellrechtlichen Vorschriften verletzt (→Gleichbehandlungsgrundsatz; § 26 Abs. 2 GWB). Es ist grundsätzlich Sache der Parteivereinbarung, den Interessenkonflikt zwischen Hersteller und Händler, an Amortisation von Investitionen einerseits und der Möglichkeit, sich von unfähigen oder vertrieblich überflüssigen Händlern zu trennen, andererseits zu lösen. Auch die →Gruppenfreistellungsverordnung über den KFZ-Vertrieb hat eine Mindestvertragslaufzeit von vier Jahren nicht eingeführt (a. A. Bunte-Sauter, a. a. O. Randnummer 86). Die Vereinbarung einer Vertragslaufzeit von weniger als vier Jahren in KFZ-Vertriebsvereinbarungen hat lediglich zur Konse-

Vertragsfreiheit

quenz, daß eine mögliche Verpflichtung des Händlers, außer Fahrzeugen des Vertragsprogrammes keine weiteren neuen Fahrzeuge zu vertreiben, nicht zum Gegenstand einer Vertriebs- und Kundendienstvereinbarung gemacht werden kann, so daß der Händler in diesem Fall ein weiteres Fabrikat auch ohne Zustimmung des Herstellers aufnehmen kann.

Vertragsfreiheit. Vertriebsvereinbarungen unterliegen grundsätzlich der Vertragsfreiheit, die Teil der allgemeinen Handlungsfreiheit ist (Artikel 2 GG, § 305 BGB). Der Handelsvertretervertrag kann abweichend von der gesetzlichen Regelung (§§ 84 ff. HGB) ausgestaltet werden, soweit keine zwingenden Vorschriften dem entgegenstehen. Zu beachten ist insbesondere die Inhaltskontrolle nach dem AGB-Gesetz sowie das Kartellrecht. S. a. →Franchise, →Handelsvertreter, →Vertragshändler, →Kartellrecht.

Vertragsgebiet. Sowohl dem Handelsvertreter (§ 87 Abs. 2 HGB) als auch dem Vertragshändler und Franchisenehmer können bestimmte Vertragsgebiete zugewiesen werden, auf die sie ihre Tätigkeit zu beschränken haben. Die Rechtsprechung erkennt grundsätzlich das berechtigte Interesse des Herstellers an, sein Bezugs- und Absatzsystem nach eigenem Ermessen zu gestalten (BGHZ 38, 90, 102, →selektiver Vertrieb). Dies gilt insbesondere, wenn beim Agentur-, Handelsvertreter- und Kommissionsvertrag Verwendungsbeschränkungen in der Natur der Sache liegen (BGH 97, 317, 328 = GRUR 1986, 750, 753). Verwendungsbeschränkungen können jedoch im Einzelfall nach § 18 GWB unwirksam sein oder gegen die Artikel 85 und 86 EWG-Vertrag verstoßen. Für den KFZ-Vertrieb sind Vereinbarung zulässig, wonach der Vertragshändler außerhalb des Vertragsgebietes für den Vertrieb von Vertragswaren und ihnen entsprechenden Waren keine Niederlassungen oder Auslieferungslager unterhalten und für Vertragswaren und ihnen entsprechenden Waren keine Kunden werben darf (Artikel 3 Nr. 8 der EG-Verordnung Nr. 123/85[1]). Ebenfalls darf der Händler nicht außerhalb des Vertragsgebietes Dritte damit betrauen, Vertragswaren oder ihnen entsprechende Waren zu vertreiben oder Kundendienst für

---

[1] Abgedruckt im Anhang dieses Buches unter Nr. 4

Vertragshändler

sie zu leisten (Artikel 3 Nr. 9 dieser VO). Dem Händler darf jedoch nicht untersagt werden, sogenannte Komm-Kunden zu bedienen. D. h., der Händler darf auch Vertragsware außerhalb seines Vertragsgebietes verkaufen, wenn die Initiative zum Kaufabschluß vom Kunden ausgeht. Die Akquisition von Kunden außerhalb des Vertragsgebietes kann allerdings zulässigerweise gegen den Händlervertrag verstoßen. S. a. →Ausschließlichkeitsbindungen; →selektiver Vertrieb.

Vertragshändler. Wesentlich für den Vertragshändlervertrag ist, daß er auf Dauer gerichtet ist und den Absatz der Vertragswaren durch den Vertragshändler regelt. Der BGH hat den Vertragshändlervertrag als Vertrag eigener Art, insbesondere als Rahmenvertrag charakterisiert, durch den ein Unternehmer einem Händler für ein bestimmtes Gebiet ein Alleinvertriebsrecht an seinen Erzeugnissen (in der Regel Markenartikel) überträgt und durch den der Händler in die Verkaufsorganisation des Herstellers eingegliedert wird. Der Vertragshändler verkauft daher im eigenem Namen und auf eigene Rechnung (BGHZ 29, 87). Das →Alleinvertriebsrecht wird heute nicht mehr als typisches Charaktaristikum des VH-Vertrages angesehen. Vielfach wurden, beginnend in den 30er Jahren, in einem Vertragsgebiet auch mehrere Vertragshändler eingesetzt. Tatsächlich geht die Tendenz heute wieder zum Ausgangspunkt zurück. Eine klare Abgrenzung der Marktgebiete wird insbesondere bei KFZ-Betrieben befürwortet (→Vertragsgebiet). Auch die Übernahme des Vordispositons- und Lagerrisikos ist für den VH nicht wesentnotwendig. Dies schließt nicht aus, daß die Vertragshändler vielfach verpflichtet sind, einen Mindestbestand von Vertragswaren auf Lager zu nehmen, um Kundenwünsche schnell befriedigen zu können. Die Eingliederung des VH in die Verkaufsorganisation des Herstellers kann im Einzelfall zu einer Interessenwahrungspflicht des VH gegenüber dem Hersteller führen. Insoweit entstehen vielfach Interessenspannungen, berücksichtigt man den Aspekt, daß der VH wirtschaftlich selbständiger Unternehmer ist und das Vertriebsrisiko der Vertragswaren selbständig trägt.

Der Vertragshändlervertrag bezieht sich typischerweise auf Markenartikel wie Kraftfahrzeuge, Motorräder, Büromaschinen, Werkzeugmaschinen, Elektro- und Kraftfahrzeugzubehör, Nähmaschinen Fahrräder, Schuhe, Porzellan und Fernseher. We-

Vertragshändler

sentliche Pflicht des Händlers ist der Vertrieb der Vertragsware auf eigene Rechnung und im eigenen Namen (s. o.). Dies erfordert die Einrichtung des Verkaufes nach den Vorstellungen des Herstellers, eine Markenwerbung, eine Lagerhaltung, eine Mindestabnahme, die Marktbeobachtung durch den Händler, Kundendienst uns vieles mehr. Die vielfach umfangreichen Vertragshändlerverträge enthalten hierzu nähere Ausgestaltungen, die insbesondere im Rahmen des AGB-Gesetzes und des Kartellrechtes, ggf. auch im Rahmen der EG-KFZ-Grupenfreistellungsverordnung für den Vertrieb von Neufahrzeugen zu beurteilen sind.

Typische Vertragspflicht für den Vertragshändlervertrag ist ferner ein Berichtswesen des Vertragshändlers gegenüber dem Hersteller sowie die Herausstellung von Warenzeichen des Herstellers. Die Festlegung der Verkaufs- und Lieferbedingungen wie auch der Preise im Verhältnis Vertragshändler/Kunde sind dagegen nicht Inhalt des Händlervertrages, sondern stellen einen Teil der unternehmerischen Entscheidung des Vertragshändlers selbst dar. Die Gestaltung dieses Verhältnisses durch den Hersteller scheitert meist auch an kartellrechtlichen Schranken, da der Hersteller den Händler nicht in der Freiheit der Gestaltung von Preisen oder Geschäftsbedingungen beschränken darf (§ 15 GWB). Eine Grenze liegt jedoch in der Interessenwahrungspflicht und der allgemeinen Loyalitätspflicht, die der Händler gegenüber dem Hersteller hat. Berechtigte Erwartungen des Kunden an eine bestimmte Marke sollen nicht enttäuscht werden. Der Hersteller hat z. B. die Möglichkeit der unverbindlichen Preisempfehlung und der Empfehlung Allgemeiner Geschäftsbedingungen (§§ 38 a, 38 Abs. 2 Nr. 3 GWB). Der Vertragshändlervertrag ist eine Form →selektiven Vertriebs. Eine allgemeine Lieferpflicht des Herstellers gegenüber dem VH besteht nicht. Er ist vielmehr nur nach Treu und Glauben (§ 242 BGB) bzw. dem Diskriminierungsverbot (§ 26 Abs. 2 GWB →Gleichbehandlungsgrundsatz) verpflichtet, Bestellungen des VH nicht willkürlich abzulehnen. Der Hersteller ist in der Gestaltung der Abgabepreise und der Abgabebedingungen gegenüber dem Händler grundsätzlich frei. Preisänderungsvorbehalte sind auch ohne nähere Konkretisierung wirksam, da der Händler die Möglichkeit hat, Preissteigerungen an den Kunden weiterzugeben („seitengleicher Regreß" – BGH NJW 1985, 853). Der Vertragshändlervertrag beinhaltet als Rahmenvereinbarung eine Vielzahl einzelner selbständiger Kaufverträge, deren Bedingungen vielfach in besonderen Verkaufs- und Lieferbedingungen vereinbart werden. Auch hierbei handelt es sich um Allgemeine Geschäftsbedingungen (zur Beurteilung von Vertragshändlerverträgen nach dem AGB-Gesetz s. BR/dtv 5066 → Vertragshändlerverträge).

Die Regeln über die *Geschäftsbesorgung* passen vielfach auf den Vertragshändlervertrag nicht (§§ 675, 665 BGB); vor allem besteht kein Anspruch auf die Beibehaltung einer bestimmten Handelsspanne oder auf → Ersatz von Aufwendungen. Der Hersteller schuldet dem Händler auch kein bestimmtes „Entgelt" oder die Einräumung einer bestimmten Verdienstmöglichkeit. Eine Grenze bildet auch hier der Verstoß gegen Treu und Glauben oder das Diskriminierungsverbot (§ 242 BGB, § 26 Abs. 2 GWB → Gleichbehandlungsgrundsatz). Zur Beendigung oder Befristung siehe → Kündigung, → Beendigung, → Verlängerung des Vertrages. Zur Frage des Ausgleichsanspruches siehe → Ausgleichsanspruch des Eigenhändlers. Aufgrund der Risikogestaltung im Vertragshändlervertrag besteht grundsätzlich auch keine Verpflichtung des Herstellers, bei Vertragsende die Vertragsware zurückzunehmen (str.). (S. a. → Alleinvertriebsrecht, → Ausschließlichkeitsbindungen, → Corporate Identity, → Exportverbot, → Graumarkt, → Kartellrecht, → Selektiver Vertrieb, → Gruppenfreistellungsverordnungen).

Lit.: Gutbrod, EuZW 1991, 235.

Vertragsrecht. Die Vertragsrechte auf Erfüllung der jeweiligen Vertragspflichten sind grundsätzlich weder für den HV noch für den Unternehmer übertragbar (§ 613 BGB). Eine Übertragung der Vertragsrechte des Vertragshändlers oder Franchisenehmers an Dritte kann zulässigerweise von der Zustimmung des Unternehmers oder Franchisenehmers abhängig gemacht werden.

Verwirkung. Ein entstandener Provisionsanspruch kann verwirkt werden, wenn der HV seine Pflicht zur Wahrung der Interessen des Unternehmers schwerwiegend verletzt und sich der HV hierdurch in Widerspruch zu seinem eigenen Verhalten setzen würde, in dem er den Provisionsanspruch geltend macht (OLG Koblenz, BB 1973, 866). S. a. → Provisionsanspruch.

Verzinsung

Verzinsung. Verwendet der Handelsvertreter Geld für sich, das er dem Unternehmer herauszugeben oder für ihn zu verwenden hat, so ist verpflichtet, es von der Zeit der Verwendung an zu verzinsen (§ 668 BGB).

Vollmacht → Handlungsvollmacht.

Vorschußpflicht → Provisionsanspruch.

W

Warenzeichen. Die Gestattung der Verwendung von Warenzeichen ist für den Vertragshändlervertrag und den Franchisevertrag typisch und wird in diesen Verträgen auch ausdrücklich geregelt. In der Regel ist auch der Handelsvertreter zur Warenzeichenbenutzung, zumindest bei der Ankündigung der Ware, berechtigt.

Weisungen. Der Handelsvertreter hat Weisungen des Unternehmers zu beachten, soweit sie nicht seine Selbständigkeit im Kern antasten (BGH BB 1966, 265). Weisungen müssen darüber hinaus in sich zulässig, insbesondere dürfen sie nicht kartellrechtswidrig sein (BGHZ 51, 168: zu § 15 GWB). Zulässig sind etwa Weisungen bezüglich der Person des Geschäftsgegners sowie der Vertragsgestaltung und der Bedingungen des Geschäftes (BGH BB 1960, 574). Der HV darf von Weisungen des Unternehmers nur abweichen, wenn er den Umständen nach annehmen darf, daß der Unternehmer bei Kenntnis der Sachlage die Abweichung billigen würde. Grundsätzlich muß der HV jedoch zunächst die beabsichtigte Abweichung dem Unternehmer mitteilen und die Entschließung des Unternehmers abwarten. Eine Ausnahme gilt nur dann, wenn „mit dem Aufschube Gefahr verbunden ist" (§ 665 BGB, z. B. wenn ein mit Sicherheit vorteilhaftes Geschäft sonst nicht zustande käme). Aufgrund der wirtschaftlichen und rechtlichen Selbständigkeit von Vertragshändlern und Franchisenehmern sind Weisungen des Unternehmers und Franchisegebers ihrem Absatzmittler gegenüber grundsätzlich nur im Rahmen der geschlossenen Verträge möglich. Weisungen können auch hier diskriminierend oder treuwidrig sein (§ 26 Abs. 2, →Gleichbehandlungsgrundsatz, § 242 BGB).

Wettbewerbsrecht. Dem Schutz des Wettbewerbs vor unlauteren Wettbewerbshandlungen dienen vor allem das Gesetz gegen den unlauteren Wettbewerb (UWG) sowie einzelne wettbewerbsrechtliche Nebengesetze (Zugabeverordnung, Preisangabenverordnung, Rabattgesetz, Warenzeichengesetz u. a.). Nach der Generalklausel (§ 1 UWG) kann derjenige, der im geschäftli-

Wettbewerbsrecht

chen Verkehr zu Zwecken des Wettbewerbs Handlungen vornimmt, die gegen die guten Sitten verstoßen, auf Unterlassung und Schadenersatz in Anspruch genommen werden. Ebenfalls unzulässig ist irreführende Werbung (§ 3 UWG). Ein Verstoß gegen die guten Sitten braucht hier nicht vorzuliegen. Eine Werbung ist dann irreführend, wenn sie bei den maßgeblichen Verkehrskreisen unrichtige Vorstellungen über das Angebot hervorruft. Die Gefahr eine Irreführung ist ausreichend, die Werbeadressaten müssen nicht tatsächlich irregeführt werden. Wissentlich unwahre oder zur Irreführung geeignete Angaben sind überdies strafbar (§ 4 UWG). Werbung mit mengenmäßig beschränkten Angeboten ist grundsätzlich ebenso unzulässig wie Werbung mit Preisgegenüberstellungen (§§ 6d, 6 UWG). Jubiläumsverkäufe dürfen nur im Abstand von jeweils 25 Jahren durchgeführt werden (§ 7 UWG). Die Durchführung eines Räumungsverkaufes ist ebenfalls an enge Voraussetzungen geknüpft (§ 8 UWG). Verschiedene Wettbewerbsverstöße können von Konkurrenten, Gewerbetreibenden oder Verbraucherverbänden abgemahnt und im Wege der Unterlassungsklage beanstandet werden (§ 13 UWG). Auch die Industrie- und Handelskammern sowie die Handwerkskammer sind gegen bestimmte Wettbewerbsverstöße klagebefugt. Die Abmahnung dient hierbei nicht nur der außergerichtlichen Beilegung eines Wettbewerbsverstoßes durch Abgabe einer strafbewehrten Unterlassungserklärung, sondern nimmt dem Abgemahnten auch die Möglichkeit, im Rechtsstreit den Anspruch umgehend anzuerkennen, damit dem Kläger die Kosten des Rechtsstreites auferlegt werden (§ 93 ZPO). Im Falle einer begründeten Abmahnung ist der Abgemahnte verpflichtet, eine Abmahnpauschale an den Verband zu bezahlen. Hierbei sind jedoch nur die abmahnungsbezogenen Kosten anzusetzen, die beim Berechtigten ausschließlich deshalb anfallen, weil er zur Vermeidung des Kostenrisikos (§ 93 ZPO) gehalten ist, vor einem gerichtlichen Verfahren den Störer zu verwarnen (KG WRP 1991, 304). Höchstgrenze hierfür ist in der Regel ein Betrag bis zu ca. DM 180 zuzüglich Mehrwertsteuer. Die Wiederholungsgefahr für den Wettbewerbsverstoß wird in der Regel durch eine strafbewehrte Unterlassungserklärung ausgeräumt. Die Höhe der Vertragsstrafe richtet sich nach den Umständen des Einzelfalles (üblich: DM 3000 bis DM 6000). Versäumt es der Wettbewerber, auf die Abmahnung eine Unterlassungserklärung abzugeben, und beantragt daraufhin der abmahnende Verband eine einstweilige Verfügung, die antragsgemäß erlassen wird, so hat der Abgemahnte die Möglichkeit, eine „Abschlußerklärung" abzugeben, in der die einstweilige Verfügung des Gerichtes als endgültige Regelung anerkannt und insbesondere auf Rechtsmittel zur Abänderung dieser Entscheidung verzichtet wird. Der Wettbewerbsverband kann dann nicht mehr mit Erfolg ein Hauptsacheverfahren gegen den Werbenden führen.

Verstößt der Werbende erneut gegen eine abgegebene Unterlassungserklärung, so ist er verpflichtet, die hierin vereinbarte Vertragsstrafe an den Verband zu zahlen. Die Vertragsstrafe ist jedoch nur im Falle eines *schuldhaften* Verstoßes verwirkt. Eine überzogene Vertragsstrafe kann das Gericht herabsetzen, wenn der Verband auf Zahlung der Vertragsstrafe klagt. Verstößt der Werbende gegen eine erlassene einstweilige Verfügung, in der dem Werbenden eine bestimmte Werbung untersagt wird, so kann der Verband ein Ordnungsgeldverfahren einleiten. Da der hierbei vom Gericht festgesetzte Betrag des Ordnungsgeldes an das Gericht zu zahlen ist, wird dem Verband in der Regel eher daran gelegen sein, eine Einigung mit dem Werbenden zu treffen, wonach dieser den (Teil-) Betrag eines möglichen Ordnungsgeldes an den Verband zahlt. Eine unzulässige Werbung kann dem Werbenden nicht nur finanziell erheblich belasten (die Streitwerte liegen in der Regel zwischen DM 10000 und DM 50000 oder auch höher), sondern sie kann auch zu Wettbewerbsverzerrungen führen, wenn lediglich ein bestimmter Unternehmer eine bislang übliche Werbe- oder Zugabepraxis aufgeben muß, seine Konkurrenten hingegen gerade durch diese Werbe- oder Zugabemittel Kunden anlocken. Bislang ist das deutsche Wettbewerbsrecht das schärfste, das es in Europa und wohl auch weltweit gibt. Es ist zu erwarten, daß sich im Rahmen der europäischen Rechtsangleichung einige nur schwer nachvollziehbare Anforderungen des geltenden Wettbewerbsrechts lockern werden. Ein erster Schritt in diese Richtung ist eine EG-Richtlinie über vergleichende Werbung. S. a. →Laienwerbung.

Wettbewerbsverbot. Für den *Handelsvertreter* besteht die Pflicht, sich um die Vermittlung oder den Abschluß von Geschäften zu bemühen, bei Ausübung seiner Tätigkeit das Interes-

Wettbewerbsverbot

se des Unternehmers wahrzunehmen und sachgerechte Weisungen zu befolgen (§ 86 Abs. 1 HGB). Hieraus ergibt sich, daß sich der Handelsvertreter während der Vertragslaufzeit desjenigen Wettbewerbes zu enthalten hat, der geeignet ist, die Interessen des Geschäftsherrn zu beeinträchtigen (BGHZ 42, 59, 61; BGH ZIP 1990, 1623, 1624). Diese Interessenwahrnehmungspflicht des Handelsvertreters führt aber nicht zu einem umfassenden Wettbewerbsverbot schlechthin. Das aus dieser gesetzlichen Regelung hervorgehende Wettbewerbsverbot ist daher auch nicht wesensbestimmend für Handelsvertreterverhältnisse (BGHZ 97, 317, 326; BGH GRUR 1986, 750; BGH ZIP 1990, 1623, 1624). Der HV hat den Unternehmer zu unterrichten, wenn er als Vertreter oder anderweitig für Dritte tätig werden will (BGH WM 1977, 319), z. B. auch für eine beabsichtigte Tätigkeit als Prokurist im Geschäft der Ehefrau (OLG Düsseldorf BB 1969, 330). Grundsätzlich ist daher jede Konkurrenzvertretung, die geeignet ist, das Interesse des Unternehmers nicht ganz unerheblich zu beeinträchtigen, unzulässig (BGHZ 42, 61; BGH NJW 1984, 2101).

Ein Anspruch des HV auf Zulassung einer *Zweitvertretung* besteht grundsätzlich auch dann nicht, wenn der Unternehmer anderen HV eine Zweitvertretung gestattet hat (→ Gleichbehandlung). Anderes gilt nur dann, wenn es an einer tatsächlichen Beeinträchtigung des Unternehmers fehlt (BGH NJW 1984, 2101). Ist dem HV eine Zweitvertretung durch den Unternehmer zugestanden worden, bleibt der HV jedoch verpflichtet, die Ware der Kundschaft gegenüber jeweils vorteilhaft zu präsentieren. Verstößt der HV gegen das kraft Gesetzes geltende oder vereinbarte Wettbewerbsverbot, so schuldet er dem Unternehmer Schadensersatz, nicht jedoch Herausgabe des durch den Verstoß erzielten Verdienstes. Der HV ist ebenso dem Unternehmer über die unzulässig für den Konkurrenten vermittelten Geschäfts auskunftspflichtig. Den hierbei erzielten Verdienst muß er dem Unternehmer jedoch nicht offenlegen (BGH NJW 1964, 817). Im Zweifel ist eine Vertragsstrafe bei Verstoß gegen ein Wettbewerbsverbot schon dann verwirkt, wenn sich der HV gegenüber der Konkurrenz erbietet, für sie zu werben (OLG Nürnberg BB 1961, 64). Ein vertragliches Wettbewerbsverbot, das über die dem HV-Vertrag wesenseigene und zur sachgerechten Interessenwahrung notwendige Bindung hinausgeht, kann der Miß-

Wettbewerbsverbot

brauchsaufsicht der Kartellbehörde unterliegen (§ 18 GWB). So besteht für selbständig tätige Vermittler von Pauschalreiseveranstaltungen kein generelles, aus dem Wesen des HV-Vertrages folgendes Verbot, Reisen anderer Veranstalter anzubieten (BGH ZIP 1990, 1623, 1624). Diese Vorschrift dient dem Schutz des Wettbewerbs als Institution, so daß ein Verstoß hiergegen in Betracht kommt, wenn die Funktionsfähigkeit des Wettbewerbs auf dem betreffenden Markt beeinträchtigt wird (BGH a.a.O. 1626).

Wettbewerbsverbote nach Vertragsende sind dagegen nur in engen Grenzen zulässig. Grundsätzlich steht es dem HV nach Vertragsende frei, ein Konkurrenzunternehmen zum Unternehmer zu gründen und diesem Wettbewerb zu machen. Die Interessen von HV und Unternehmer widersprechen sich: Während der Unternehmer (möglichst durch AGB im HV-Vertrag) jeglichen Wettbewerb nach Vertragsende verbieten will, liegt dem HV daran, die in der Vertragslaufzeit gewonnenen Kenntnisse und Erfahrungen zu nutzen und sich hierdurch seine wirtschaftliche Existenz zu sichern. Es wundert daher nicht, daß gerade die Regelung des nachvertraglichen Wettbewerbsverbotes (§ 90a HGB) vielfach Gegenstand von Änderungen durch den Gesetzgeber und der Entscheidungsfindung durch die Rechtssprechung war. Im einzelnen: Eine Wettbewerbsabrede ist eine Vereinbarung, die den HV nach Beendigung des Vertragsverhältnisses in seiner gewerblichen Tätigkeit beschränkt (so die Definition in § 90a HGB). Sie bedarf der Schriftform und der Aushändigung einer vom Unternehmer unterzeichneten, die vereinbarten Bestimmungen enthaltenden Urkunden an den HV. Nach der Neufassung des Gesetzes, die eine EG-Richtlinie umsetzt, darf sich die Wettbewerbsabrede nur auf den dem HV zugewiesenen Bezirk oder Kundenkreis und nur auf die Gegenstände erstrecken, hinsichtlich deren sich der Handelsvertreter um die Vermittlung oder den Abschluß von Geschäften für den Unternehmer zu bemühen hat. Die Abrede kann nur für längstens zwei Jahren von der Beendigung des Vertragsverhältnisses an getroffen werden. Der Unternehmer ist verpflichtet, dem HV für die Dauer der Wettbewerbsbeschränkung eine angemessene Entschädigung zu zahlen (§ 90a Abs. 1 HGB). Der Unternehmer kann bis zum Ende des Vertragsverhältnisses schriftlich auf die Wettbewerbsbeschränkung mit der Wirkung verzichten, daß er mit dem Ab-

Wettbewerbsverbot

lauf von sechs Monaten seit der Erklärung von der Verpflichtung zur Zahlung der Entschädigung frei wird (§ 90a Abs. 2 Satz 1 HGB). Kündigt der Unternehmer das Vertragsverhältnis aus wichtigem Grund wegen schuldhaften Verhaltens des HV, so hat dieser keinen Anspruch auf Entschädigung (§ 90a Abs. 2 Satz 2 HGB). Kündigt der HV das Vertragsverhältnis aus wichtigem Grund wegen schuldhaftem Verhaltens des Unternehmers, so kann er sich durch schriftliche Erklärung binnen einem Monat nach der Kündigung von der Wettbewerbsabrede lossagen (§ 90a Abs. 3 HGB). Von den vorstehenden Regelungen abweichende Vereinbarungen dürfen für den HV nicht nachteilig sein (§ 90a Abs. 4 HGB).

Geschäfts- und Betriebsgeheimnisse, die dem HV anvertraut oder als solche durch seine Tätigkeit für den Unternehmer bekannt geworden sind, darf der HV grundsätzlich auch nach Vertragsende nicht verwerten oder anderen mitteilen, soweit dies nach den Umständen der Berufsauffassung eines ordentlichen Kaufmannes widersprechen würde (§ 90 HGB). Derartige Vereinbarungen, die die gesetzliche Regelung lediglich wiedergeben, fallen daher nicht in den Anwendungsbereich der Wettbewerbsabreden nach § 90a HGB. Die erforderliche *Schriftform* der Vereinbarung ist gewahrt, wenn eine oder mehrere Urkunden, die den Inhalt der Abrede widergeben, von den Parteien unterzeichnet werden. Die Unterschrift beider auf einer Urkunde ist nicht erforderlich (§ 126 BGB). Bei der Unterzeichnung der Vereinbarung können sich die Parteien durch einen Bevollmächtigten vertreten lassen (OLG Düsseldorf BB 1962, 731: Handlungsbevollmächtigter). Vereinbaren die Parteien keine *Entschädigung*, so ändert dies an der Wirksamkeit des Wettbewerbsverbotes nichts; der Unternehmer schuldet insoweit die Entschädigung kraft Gesetzes, und zwar auch dann, wenn er davon ausgegangen ist, daß ihn die Abrede nichts kostet. Eine *angemessene Entschädigung* wird vor allem durch die vertragliche Vergütung noch oben hin begrenzt. In der Regel wird jedoch das Maß der angemessenen Entschädigung weit unter der vertraglichen Vergütung liegen. Anderweitig erzielte Verdienste sind grundsätzlich nicht anzurechen, wohl aber ersparte Aufwendungen (BGB BB 1975, 197). Jedenfalls bis zum 1. 1. 1990 hat das Bundesverfassungsgericht die gesetzliche Regelung für verfassungswidrig angesehen, wonach der HV dann keinen Anspruch auf Entschädigung hat,

Vertragsstrafen

wenn der Unternehmer das Vertragsverhältnis aus wichtigem Grund wegen schuldhaften Verhaltens des HV gekündigt hat (§ 90a Abs. 2 Satz 2 HGB; BVerfG vom 7. 2. 1990, Az: 1 BvR 26/84). Das Bundesverfassungsgericht begründet dies damit, daß zu Gunsten des Handelsvertreters ein besonderes Schutzbedürfnis spreche, sofern diesem vor oder während der Vertragsbeziehungen ein Wettbewerbsverbot auferlegt werde. Zu dieser Zeit können der HV weder die Entwicklung der vertraglichen Zusammenarbeit, noch die künftigen beruflichen Chancen abschätzen und deshalb auch nicht wissen, wie sich die Konkurrenzklausel auswirken wird. Mache der Unternehmer den Abschluß eines HV-Vertrages oder die Fortsetzung der Zusammenarbeit von der Unterwerfung unter eine Konkurrenzklausel abhängig, bleibe dem HV vielfach kaum ein Verhandlungsspielraum. Insbesondere gelte dies bei sogenannten Einfirmenvertretern, die ihre gesamte Arbeitskraft in den Dienst eines einzigen Unternehmers stellten. Die Sanktion, die Entschädigung ersatzlos entfallen zu lassen, werde der besonderen Interessenlage der Parteien nicht gerecht und sei in dieser Allgemeinheit unverhältnismäßig. Aus diesen Erwägungen folgt, daß auch – wie bisher – eine Vereinbarung nach Beendigung des Vertrages getroffen werden kann, wonach der HV auf Entschädigungsansprüche verzichtet. Für die Rechtslage seit dem 1. 1. 1990 (Stichtag der Umsetzung der EG-Richtlinie) liegt eine verbindliche Entscheidung des Bundesverfassungsgerichtes nicht vor. Die Verfassungswidrigkeit in diesem Punkt dürfte jedoch gleichermaßen zu bejahen sein. Eine gesetzliche Änderung wird derzeit diskutiert.

Vertragsstrafen, durch die eine wirksame Wettbewerbsabrede gesichert werden soll, sind als ergänzende Abreden nicht durch das grundsätzliche Verbot beschränkt, abweichende Vereinbarungen zu Lasten des Handelsvertreters zu treffen (§ 90 Abs. 4 HGB).

Für *Handlungsgehilfen* gelten zum Teil abweichende Regelungen (§§ 74–75f. HGB). Für *Vertragshändlerverträge* gibt es keine einheitliche Regelung über ein Wettbewerbsverbot. Während der Vertragslaufzeit können beispielsweise im KFZ-Vertrieb Vereinbarungen getroffen werden, wonach die Aufnahme eines Zweitfabrikates nur an eine sachlich gerechtfertigte Gründe geknüpfte Zustimmung des Herstellers möglich ist (→ Ausschließlichkeits-

Vertragsstrafen

bindung). Nach der EG-Franchise-VO[1] grundsätzlich zulässig sind *Franchisevereinbarungen* mit dem Inhalt, keine Erzeugnisse herzustellen, zu verkaufen oder bei der Erbringung von Dienstleistungen zu verwenden, die mit solchen Waren des Franchisegebers im Wettbewerb stehen, welche Gegenstand der Franchise sind. Im Vertragshändlervertrag wie auch im Franchising können grundsätzlich jedoch keine Vereinbarungen geschlossen werden, wonach auch *nach Vertragsende* ein Wettbewerbsverbot ohne Entschädigung vereinbart wird (→ Franchise).

---

[1] Abgedruckt im Anhang dieses Buches unter Nr. 2

Z

Zeugnis. Bei Beendigung eines dauernden Dienstverhältnisses kann der Verpflichtete von dem anderen Teil ein schriftliches Zeugnis über das Dienstverhältnis und dessen Dauer fordern (§ 630 BGB). Diese Regelung greift weder für den Handelsvertreter (OLG Celle BB 1967, 775) noch für den Vertragshändler oder Franchisenehmer ein; sie gilt jedoch für den kaufmännischen Angestellten (§ 73 HGB), den Geschäftsführer einer GmbH, der nicht selbst Gesellschafter ist (BGHZ 49, 30), für den gewerblichen Arbeitnehmer (§ 113 GewO) sowie für Seeleute und Azubis (§ 19 SeemG; § 8 BBiG).

Zweitmarke → Ausschließlichkeitsbindung, → Wettbewerbsverbot.

Zugabe. Eine Zugabe ist eine Ware oder Leistung, die neben einer Hauptware (-leistung) ohne besonderes Entgelt angeboten, angekündigt oder gewährt wird, um den Absatz der Hauptware (-leistung) zu fördern (BGHZ 11, 274, 278). Die nicht besonders berechnete Nebenware (-leistung) soll den Kunden zum Kauf der Hauptware (-leistung) verlocken, auf deren Absatz es dem Verkäufer ankommt. Derartige Zugaben sind generell unzulässig (§ 1 ZugabeVO). Die Beurteilung, ob neben einer Hauptware (-leistung) eine zusätzliche Ware oder Leistung ohne besondere Berechnung angeboten, angekündigt oder gewährt wird, bestimmt sich nach der Auffassung der angesprochenen Verkehrskreise (BGH a. a. O.). Werden mehrere selbständige Sachen nach der Verkehrsanschauung als Wareneinheit angesehen (z. B. ein Schlafzimmer, ein Werkzeugkasten u. a.), so fehlt es an der für eine Zugabe nach der Verkehrsauffassung erforderlichen Trennung zwischen Haupt- und Nebenleistung (BGH GRUR 1976, 314). Eine Zugabe liegt jedoch vor, wenn nach der Verkehrsauffassung die Nebenware (-leistung) mit Rücksicht auf den Erwerb der Hauptware (-leistung) angeboten, angekündigt oder gewährt wird und wegen dieser Abhängigkeit objektiv geeignet ist, Kunden in ihrer Entschließung zum Erwerb der Hauptware (-leistung) zu beeinflussen (BGH GRUR 1967, 314). Hieran fehlt es

Zugabe

etwa, wenn ein Drogist oder ein Apotheker dem Käufer einer Ware eine ähnliche Warenprobe beipackt (BGH GRUR 1963, 197, 200). Die kostenlose oder verbilligte Fahrtmöglichkeit zum einen außerhalb des Geschäftszentrums liegenden Selbstbedienungswarenhaus stellt keinen Verstoß gegen das Zugabeverbot dar, wenn die Beförderung unabhängig von einem Einkauf ist, und zwar auch dann, wenn es im Ergebnis überwiegend zu Kaufabschlüssen kommt (BGH GRUR 1971, 322; BGH GRUR 1972, 603, 604). Keine Zugabe liegt vor, wenn für die Nebenware (-leistung) eine besonderes Entgelt angesetzt wird, das nicht bloß ein Scheinentgelt darstellt (BGHZ 34, 264, 267). Das Angebot eines fünfjährigen Umtauschrechtes zum alten Preis im Teppichhandel stellt die Ankündigung einer Zugabe dar (OLG Stuttgart WRP 1974, 286). Handelsübliche Garantiezusagen sind dagegen zugaberechtlich unbedenklich. Das Zugabeverbot gilt für alle Stufen der Warenverteilung, d. h. nicht nur für Geschäfte mit dem Endverbraucher (anders das Rabattgesetz). Waren oder Leistungen als Zugabe können beispielsweise sein: die Gewährung eines Kredits; eine Beförderungsleistung; eine Reparatur; die Vermittlung der Finanzierung eines Unfallschadens (OLG Frankfurt WRP 1970, 72); die aufgrund eines Gutscheines ausgehändigte Ware oder Leistung u. a.

Unzulässig ist es, wenn zur Verschleierung einer Zugabe eine Ware oder Leistung mit einer anderen Ware oder Leistung zu einem Gesamtpreis angeboten, angekündigt oder gewährt wird (§ 1 Abs. 1 Satz 3 ZugabeVO). *Zulässig* ist es dagegen,
– wenn lediglich Reklamegegenstände von geringem Wert, die als solche eine dauerhafte oder deutliche sichtbare Bezeichnung der reklametreibenden Firma gekennzeichnet sind, oder geringwertige Kleinigkeiten gewährt werden,
– wenn die Zugabe in einem bestimmten oder auf bestimmte Art zu berechnenden Geldbetrage besteht,
– wenn die Zugabe zu Waren in einer bestimmten oder auf bestimmte Art zu berechnende Menge gleicher Ware besteht,
– wenn die Zugabe nur im handelsüblichen Zubehör zur Ware oder in handelsüblichen Nebenleistungen besteht,
– wenn Zeitschriften belehrenden und unterhalten Inhalts, die nach Aufmachung und Ausgestaltung der Werbung den Kunden und Interessen des Verteilers dienen, durch einen entsprechenden Aufdruck auf der Titelseite diesen Zweck erkennbar

Zugabe

machen und nach ihren Herstellungskosten geringwertig sind, unentgeltlich an den Verbraucher abgegeben werden (Kundenzeitschriften),
- wenn die Zugaben in der Erteilung von Auskünften oder Ratschlägen besteht,
- wenn zu Gunsten der Bezieher einer Zeitung oder Zeitschrift Versicherungen bei beaufsichtigten Versicherungsunternehmungen oder Versicherungsanstalten abgeschlossen werden.

Auch bei dem Angebot, der Ankündigung und der Gewährung der vorstehend aufgeführten zulässigen Zugaben ist es verboten, die Zuwendung als unentgeltlich gewährt (Gratiszugabe, Geschenk u. a.) zu bezeichnen oder sonstwie den Eindruck der Unentgeltlichkeit zu erwecken. Ferner ist es verboten, die Zugabe von dem Ergebnis einer Verlosung oder einem anderen Zufall abhängig zu machen (§ 1 Abs. 3 ZugabeVO).

Werbeprämien, die für die Werbung von Kunden versprochen oder gewährt werden, sind keine Zugaben, sondern Vergütung für eine Geschäftsbesorgung (BGH GRUR 1968, 600, 601). Verstöße gegen die Zugabeverordnung können abgemahnt werden; bei vorsätzlichen oder fahrlässigen Verstößen ist der Zuwiderhandelnde zum Schadensersatz verpflichtet (§ 2 Abs. 1 und 2 ZugabeVO). Ansprüche auf Unterlassung oder Schadensersatz verjähren in sechs Monaten von dem Zeitpunkt an, in welchem der Anspruchsberechtigte von der Handlung und von der Person des Verpflichteten Kenntnis erlangt, ohne Rücksicht auf diese Kenntnis in drei Jahren von der Begehung der Handlung an. Für die Ansprüche auf Schadensersatz beginnt der Lauf der Verjährung nicht vor dem Zeitpunkt, in welchem der Schaden entstanden ist (§ 2 Abs. 4 ZugabeVO). Der Verstoß gegen die Zugabeverordnung kann auch als Ordnungswidrigkeit verfolgt werden (§ 3 ZugabeVO).

Anhang

Vertriebsrechtliche Vorschriften der EG

1. Bekanntmachung vom 24. 12. 1962 über Alleinvertriebsverträge mit Handelsvertretern
2. Verordnung Nr. 4087 der EG-Kommission vom 30. 11. 1988: Gruppenfreistellung von Franchisevereinbarungen
3. Verordnung Nr. 1983/83 der EG-Kommission vom 22. 6. 1983: Gruppenfreistellung von Alleinvertriebsvereinbarungen
4. Verordnung Nr. 123/85 der EG-Kommission vom 12. 12. 1984: Gruppenfreistellung von Vertriebs- und Kundendienstvereinbarungen über Kraftfahrzeuge

Anhang 1

Bekanntmachung v. 24. 12. 1962 über Alleinvertriebsverträge mit Handelsvertretern

(ABlEG Nr. 139 S. 2921 v. 24. 12. 1962)

I. Die Kommission ist der Auffassung, daß Verträge mit Handelsvertretern, in denen diese für ein bestimmtes Teilgebiet des Gemeinsamen Marktes es übernehmen:
- Geschäfte für ein anderes Unternehmen zu vermitteln oder
- in dessen Namen und für dessen Rechnung oder
- im eigenen Namen und für dessen Rechnung abzuschließen, nicht von dem Verbot des Artikels 85 Abs. 1 des Vertrages erfaßt werden.

Dabei wird vorausgesetzt, daß der als Handelsvertreter bezeichnete Vertragspartner auch funktionsmäßig Handelsvertreter ist und nicht im Rahmen der Abwicklung der Handelsgeschäfte die Funktion eines Eigenhändlers übernimmt oder ausübt. Die Kommission betrachtet als maßgebliches Kriterium für die Unterscheidung zwischen Handelsvertreter und Eigenhändler die Regelung, die ausdrücklich oder stillschweigend für die Übernahme der mit dem Absatz oder der Vertragsabwicklung verbundenen finanziellen Risiken getroffen worden ist. Sie stellt somit die Beurteilung nicht auf die Bezeichnung ab. Mit Ausnahme der üblichen Delcredere-Haftung hat der Handelsvertreter funktionsmäßig kein weitergehendes Risiko aus dem Handelsgeschäft zu tragen. Übernimmt er dennoch solche Risiken, nähert er sich funktionsmäßig und wirtschaftlich dem Eigenhändler und muß daher wettbewerbsrechtlich auch wie ein Eigenhändler behandelt werden. Die betreffenden Alleinvertriebsvereinbarungen müssen so wie Vereinbarungen mit Eigenhändlern beurteilt werden.

Insbesondere spricht nach Auffassung der Kommission dafür, daß die Funktion eines Eigenhändlers ausgeübt wird, wenn der als Handelsvertreter bezeichnete Geschäftspartner
- ein Lager mit in seinem Eigentum stehenden Vertragswaren in erheblichem Umfang unterhalten muß oder unterhält,
- einen erheblichen unentgeltlichen Service auf eigene Kosten einrichten, unterhalten oder durchführen muß oder einrichtet, unterhält oder durchführt, oder

Anhang 1   Handelsvertreter

– die Preise oder die Geschäftsbedingungen für die Handelsgeschäfte bestimmen kann oder bestimmt.

II. Bei Alleinvertriebsverträgen mit Eigenhändlern kann Artikel 85 Abs. 1 – im Gegensatz zu den hier behandelten Verträgen mit Handelsvertretern – nicht ausgeschlossen werden. Die Wettbewerbsbeschränkungen der Ausschließlichkeitsbindungen liegt bei diesen Vereinbarungen entweder in der Verkürzung des Angebots, wenn der Anbieter sich verpflichtet, ein bestimmtes Erzeugnis ausschließlich an einen Nachfrager zu liefern, oder in der Verkürzung der Nachfrage, wenn sich der Nachfrager verpflichtet, ein bestimmtes Erzeugnis ausschließlich von einem Anbieter zu beziehen. Diese Wettbewerbsbeschränkungen bestehen auf beiden Seiten, wenn die Verpflichtungen gegenseitig sind. Ob eine solche Wettbewerbsbeschränkung geeignet ist, den Handel zwischen den Mitgliedstaaten zu beeinträchtigen, hängt vom Einzelfall ab.

Demgegenüber ist der Verbotstatbestand des Artikels 85 Abs. 1 nach Ansicht der Kommission für Alleinvertriebsverträge mit Handelsvertretern nicht erfüllt, da eine Behinderung, Einschränkung oder Verfälschung des Wettbewerbs innerhalb des Gemeinsamen Marktes weder bezweckt noch bewirkt wird. Der Handelsvertreter übt auf dem Gütermarkt lediglich eine Hilfsfunktion aus. Auf diesem Markt handelt er im Auftrag und im Interesse des Marktbeteiligten, für den er tätig wird. Im Gegensatz zum Eigenhändler ist er nicht selbst Nachfrager oder Anbieter, sondern sucht im Interesse seines anbietenden oder nachfragenden Vertragspartners Abnehmer oder Anbieter. Bei dieser Art von Alleinvertriebsverträgen scheidet der anbietende oder nachfragende Wettbewerber nicht aus, sondern er bedient sich lediglich der Handelsvertreter als eines Hilfsorgans, um auf dem Markt Erzeugnisse abzusetzen oder zu erwerben.

Die Rechtsstellung des Handelsvertreters ist in den meisten Mitgliedstaaten durch Gesetz, in anderen durch Richterrecht mehr oder weniger übereinstimmend festgelegt. Gemeinsam ist den Handelsvertretern überall die Hilfsfunktion bei der Abwicklung von Handelsgeschäften. Die Befugnisse der Handelsvertreter bestimmen sich nach den zivilrechtlichen Regeln des Auftrags und der Vollmacht. In welchem sachlichen und räumlichen Umfang der anbietende oder nachfragende Vertragspartner sie seinem Handelsvertreter übertragen will, richtet sich im Rahmen dieser Bestimmungen nach seinem freien Ermessen.

Neben dem Wettbewerbsgeschehen auf den Märkten, auf denen der Handelsvertreter für seinen Vertragspartner in einer Hilfsfunktion tätig wird, ist weiter der besondere Markt zu betrachten, auf dem Handelsvertreter ihre Dienstleistungen in Gestalt der Vermittlung oder des Abschließens von Geschäften anbieten. Durch die ausschließliche Verpflichtung des Handelsvertreters, für eine gewisse Zeit für einen Geschäftsherrn tätig zu werden, tritt eine Verkürzung auf dem Angebotsmarkt ein, durch die ausschließliche Verpflichtung des Vertragspartners des Handelsvertreters, ihn allein für das bestimmte Gebiet zu bestellen, eine Verkürzung auf dem Nachfragemarkt. Die Kommission sieht in diesen Beschränkungen jedoch einen Ausfluß der besonderen Pflicht zur gegenseitigen Interessenwahrung zwischen Handelsvertreter und Geschäftsherrn. Sie nimmt daher eine Wettbewerbsbeschränkung nicht an.

Die Bekanntmachung bezweckt, den Unternehmen Hinweise auf Überlegungen zu geben, von denen sich die Kommission bei der Auslegung des Artikels 85 Abs. 1 des Vertrages und seiner Anwendung im Hinblick auf Alleinvertriebsverträge mit Handelsvertretern leiten lassen wird. Mit dieser Klarstellung wird regelmäßig das Interesse der Unternehmen an der Erlangung dieses Negativattestes für die genannten Vereinbarungen entfallen und darüber hinaus auch kein Bedürfnis nach Klärung der Rechtslage durch eine Einzelentscheidung der Kommission mehr bestehen; insoweit ist auch der Anlaß zur Anmeldung derartiger Verträge beseitigt. Der Auffassung anderer zuständiger Behörden, insbesondere der Gerichte, kann durch diese Bekanntmachung nicht vorgegriffen werden.

Anhang 2

Verordnung Nr. 4087/88 der Kommission
vom 30. November 1988 (ABlEG Nr. L 359/46 vom 28. 12. 1988):

Gruppenfreistellung von Franchisevereinbarungen

Die Kommission der Europäischen Gemeinschaften –
gestützt auf den Vertrag zur Gründung der Europäischen Wirtschaftsgemeinschaft,
gestützt auf die Verordnung Nr. 19/65/EWG des Rates vom 2. 3. 1965 über die Anwendung von Art. 85 Abs. 3 des Vertrags auf Gruppen von Vereinbarungen und aufeinander abgestimmten Verhaltensweisen,[1] zuletzt geändert durch die Akte über den Beitritt Spaniens und Portugals, insbesondere auf Artikel 1,
nach Veröffentlichung des Verordnungsentwurfs,[2]
nach Anhörung des Beratenden Ausschusses für Kartell- und Monopolfragen, in Erwägung nachstehender Gründe:

(1) Die Kommission ist nach der Verordnung Nr. 19/65/EWG ermächtigt, durch Verordnung Art. 85 Abs. 3 des Vertrags auf bestimmte, unter Art. 85 Abs. 1 fallende Gruppen von Vereinbarungen anzuwenden, an denen nur zwei Unternehmen beteiligt sind und die entweder den Alleinvertrieb oder den Alleinbezug von Waren zum Gegenstand haben oder Beschränkungen enthalten, die im Zusammenhang mit dem Erwerb oder der Nutzung von gewerblichen Schutzrechten auferlegt sind.

(2) Franchisevereinbarungen umfassen im wesentlichen die Erteilung von Lizenzen für die Nutzung von Rechten an gewerblichem oder geistigem Eigentum wie Warenzeichen, sonstigen der Unterscheidung dienenden Zeichen oder Know-how; derartige Lizenzen können mit Liefer- oder Bezugspflichten für Waren verbunden sein.

(3) Entsprechend ihrem jeweiligen Gegenstand sind verschiedene Arten von Franchisen voneinander zu unterscheiden. Industrielle Franchisen beziehen sich auf die Herstellung von Erzeugnissen. Vertriebsfranchisen auf den Warenvertrieb und Dienstleistungsfranchisen auf die Erbringung von Dienstleistungen.

---

[1] ABl. Nr. 36 vom 6. 3. 1965, S. 533/65.
[2] ABl. Nr. C 229 vom 27. 8. 1987, S. 3.

Franchisevereinbarungen **Anhang 2**

(4) Aufgrund der Erfahrungen der Kommission läßt sich eine Gruppe von Franchisevereinbarungen bestimmen, die unter Art. 85 Abs. 1 fallen, aber für welche die Voraussetzungen des Art. 85 Abs. 3 regelmäßig als erfüllt angesehen werden können. Dies trifft auf Franchisevereinbarungen zu, in denen es einer der Vertragspartner übernimmt, an Endverbraucher Waren zu liefern oder Dienstleistungen zu erbringen. Vereinbarungen über die Vergabe industrieller Franchisen können dagegen nicht in diese Verordnung einbezogen werden. Derartige Vereinbarungen regeln gewöhnlich die Beziehungen zwischen Herstellern und weisen deshalb andere Merkmale als die übrigen Arten von Franchisen auf. Sie umfassen die Erteilung von Herstellungslizenzen aufgrund von Patenten und/oder Know-how sowie damit verbunden die Erteilung von Warenzeichenlizenzen. Einigen unter ihnen kommt der Rechtsvorteil anderer Gruppenfreistellungen zugute, falls sie die Bedingungen der jeweiligen Verordnung erfüllen.

(5) Diese Verordnung muß für Franchisevereinbarungen gelten, die zwischen zwei Unternehmen, dem Franchisegeber und dem Franchisenehmer, geschlossen werden und den Einzelhandelsverkauf von Waren oder die Erbringung von Dienstleistungen an Endverbraucher oder aber eine Verbindung dieser Tätigkeiten wie etwa die Bearbeitung von Erzeugnissen oder deren Anpassung an die besonderen Bedürfnisse der Kunden zum Gegenstand haben. Sie muß auch dann gelten, wenn die Beziehungen zwischen Franchisegeber und Franchisenehmer durch ein drittes Unternehmen, den Hauptfranchisenehmer, begründet werden. Auf Großhandelsfranchisen kann diese Verordnung keine Anwendung finden, weil die Kommission insoweit noch nicht über ausreichende Erfahrungen verfügt.

(6) Franchisevereinbarungen im Sinne dieser Verordnung können unter Art. 85 Abs. 1 fallen. Sie sind insbesondere dann geeignet, den innergemeinschaftlichen Handel zu beeinträchtigen, wenn sie zwischen Unternehmen aus verschiedenen Mitgliedstaaten geschlossen werden oder wenn sie die Grundlage eines über die Grenzen eines einzigen Mitgliedstaats hinausreichenden Franchisenetzes bilden.

(7) Franchisevereinbarungen im Sinne dieser Verordnung verbessern in aller Regel den Warenabsatz und/oder die Erbringung von Dienstleistungen. Sie ermöglichen es Franchisegebern, mit

Anhang 2 Franchisevereinbarungen

begrenzten finanziellen Vorleistungen ein einheitliches Franchisenetz aufzubauen. Dadurch wird der Marktzutritt neuer Anbieter, insbesondere kleiner und mittlerer Unternehmen, erleichtert und der Wettbewerb zwischen Erzeugnissen verschiedener Hersteller verstärkt. Derartige Vereinbarungen erlauben es außerdem unabhängigen Händlern, neue Geschäfte schneller zu eröffnen und mit einer größeren Aussicht auf Erfolg zu betreiben als ohne die Erfahrungen des Franchisegebers und dessen Unterstützung. Diese Händler können daher den großen Handelsunternehmen einen wirksamen Wettbewerb liefern.

(8) Franchisevereinbarungen gewährleisten im allgemeinen auch den Benutzern und anderen Endverbrauchern einen angemessenen Anteil an dem entstehenden Gewinn, weil sie die Vorteile eines einheitlichen Franchisenetzes und des Einsatzes von Händlern, die persönlich an der Leistungsfähigkeit ihres Betriebes interessiert sind, miteinander verbinden. Der einheitliche Charakter des Franchisenetzes und die ständige Zusammenarbeit zwischen dem Franchisegeber und den Franchisenehmern sichert die gleichbleibende Qualität der Waren und Dienstleistungen. Die günstigen Auswirkungen von Franchisen auf den Herstellerwettbewerb und die Freiheit der Verbraucher, sich an jedweden dem Netz angeschlossenen Franchisenehmer zu wenden, bieten eine ausreichende Gewähr dafür, daß diese Vorteile in angemessenem Umfang an die Verbraucher weitergegeben werden.

(9) Die Verordnung muß die wettbewerbsbeschränkenden Verpflichtungen bestimmen, die in Franchisevereinbarungen enthalten sein dürfen. Letzteres gilt insbesondere für die Franchisenehmern eingeräumte Gebietsausschließlichkeit sowie für das ihnen zugleich auferlegte Verbot der aktiven Kundenwerbung außerhalb ihres Gebiets, denn dadurch werden die Franchisenehmer veranlaßt, ihre Absatzbemühungen auf das Vertragsgebiet zu konzentrieren. Entsprechendes gilt für die Gebietsausschließlichkeit, die dem Hauptfranchisenehmer eingeräumt wird und für die ihm auferlegte Verpflichtung, mit Dritten außerhalb seines Gebietes keine Franchisevereinbarungen abzuschließen. Soweit Franchisenehmer Erzeugnisse, die vom Franchisegeber oder nach seinen Anweisungen hergestellt und/oder mit seinem Warenzeichen versehen sind, verkaufen oder bei der Erbringung von Dienstleistungen benutzen, können sie verpflichtet werden, keine mit diesen in Wettbewerb stehenden Erzeugnisse zu ver-

kaufen oder bei der Erbringung von Dienstleistungen zu benutzen, denn nur so läßt sich ein einheitliches Franchisenetz errichten, das mit den Erzeugnissen des Franchisegebers identifiziert wird. Eine solche Verpflichtung kann jedoch nur hingenommen werden, wenn sie auf Erzeugnisse beschränkt bleibt, die den Hauptgegenstand der Franchise bilden; sie darf sich insbesondere nicht auf Zubehör oder Ersatzteile für diese Erzeugnisse beziehen.

(10) Durch die erwähnten Verpflichtungen werden den Beteiligten somit keine Beschränkungen auferlegt, die für die Verwirklichung dieser Ziele nicht unerläßlich sind. Insbesondere ist ein begrenzter Gebietsschutz für die Franchisenehmer unerläßlich, um sie gegen den Verlust ihrer finanziellen Aufwendungen abzusichern.

(11) Es ist zweckmäßig, in der Verordnung eine Reihe von Verpflichtungen zu bezeichnen, die in der Regel nicht wettbewerbsbeschränkend sind, um ihnen den Rechtsvorteil der Gruppenfreistellung zukommen zu lassen, falls sie aufgrund besonderer wirtschaftlicher oder rechtlicher Umstände von Art. 85 Abs. 1 erfaßt werden. Die nicht abschließende Liste derartiger Klauseln enthält insbesondere solche Verpflichtungen, die notwendig sind, um den einheitlichen Charakter des Franchisenetzes und dessen Ansehen zu bewahren oder um zu verhindern, daß das vom Franchisegeber zur Verfügung gestellte Know-how und die von ihm geleistete Unterstützung seinen Wettbewerbern zugute kommt.

(12) Die Verordnung muß die Bedingungen bestimmen, die für die Anwendung der Gruppenfreistellung erfüllt sein müssen. Damit der Wettbewerb nicht für einen wesentlichen Teil der den Gegenstand der Franchise bildenden Waren ausgeschaltet werden kann, müssen Paralleleinfuhren möglich bleiben. Deshalb ist sicherzustellen, daß Querlieferungen zwischen Franchisenehmern jederzeit vorgenommen werden können. Falls neben dem Franchisenetz ein anderes Vertriebssystem besteht, müssen die Franchisenehmer die Vertragswaren auch von den zugelassenen Vertriebshändlern beziehen können. Um die Verbraucher besser aufzuklären und auf diese Weise dazu beizutragen, daß sie an dem entstehenden Gewinn angemessen beteiligt werden, ist vorzusehen, daß der Franchisenehmer seine Rechtsstellung als unabhängiges Unternehmen in einer geeigneten Weise, welche die Ein-

heitlichkeit des Franchisenetzes nicht beeinträchtigt, bekanntzugeben hat. Sofern der Franchisenehmer für Erzeugnisse des Franchisegebers Garantieleistungen zu erbringen hat, muß diese Verpflichtung auch dann gelten, wenn die betreffenden Erzeugnisse vom Franchisegeber, von anderen Franchisenehmern oder von sonstigen zugelassenen Händlern geliefert wurden.

(13) Die Verordnung muß außerdem angeben, welche Beschränkungen nicht in den Franchisevereinbarungen enthalten sein dürfen, damit diesen der Rechtsvorteil der Gruppenfreistellung zukommt, weil sie unter das Verbot des Art. 85 Abs. 1 fallen und keine allgemeine Vermutung dafür besteht, daß sie die von Art. 85 Abs. 3 geforderten günstigen Wirkungen haben. Letzteres gilt insbesondere für Marktaufteilungen zwischen konkurrierenden Herstellern, für Klauseln, welche die Freiheit des Franchisenehmers zur Wahl seiner Lieferanten oder Kunden übermäßig einschränken sowie für Fälle, in denen der Franchisenehmer in seiner Preisgestaltungsfreiheit beschränkt wird. Es steht dem Franchisegeber jedoch frei, Preise zu empfehlen, soweit dies nach innerstaatlichem Recht zulässig ist und nicht zu aufeinander abgestimmten Verhaltensweisen zwecks tatsächlicher Anwendung dieser Preise führt.

(14) Auf diejenigen Vereinbarungen, welche nicht ohne weiteres unter die Freistellung fallen, weil sie Klauseln enthalten, die in der Verordnung nicht ausdrücklich zugelassen werden, ohne jedoch Wettbewerbsbeschränkungen vorzusehen, die ausdrücklich ausgeschlossen sind, kann gleichwohl die allgemeine Vermutung der Vereinbarkeit mit Art. 85 Abs. 3 zutreffen, auf die sich die Gruppenfreistellung stützt. Die Kommission kann schnell feststellen, ob dies der Fall ist. Eine solche Vereinbarung kann deshalb als durch die in dieser Verordnung vorgesehenen Freistellung erfaßt betrachtet werden, falls sie bei der Kommission angemeldet wird und diese der Freistellung innerhalb eines bestimmten Zeitraums nicht widerspricht.

(15) Sollten im Einzelfall Vereinbarungen, die unter diese Verordnung fallen, gleichwohl Wirkungen haben, die mit Art. 85 Abs. 3, insbesondere in seiner Auslegung durch die Verwaltungspraxis der Kommission und die Rechtsprechung des Gerichtshofes, unvereinbar sind, so kann die Kommission den beteiligten Unternehmen den Rechtsvorteil der Gruppenfreistellung entziehen. Dies gilt vor allem dann, wenn der Wettbewerb

wegen der Struktur des betroffenen Marktes in erheblichem Maße eingeschränkt ist.

(16) Vereinbarungen, die nach dieser Verordnung ohne weiteres freigestellt sind, brauchen nicht angemeldet zu werden. Es bleibt dem Unternehmen jedoch unbenommen, im Einzelfall eine Entscheidung nach der Verordnung Nr. 17 des Rates,[1] zuletzt geändert durch die Akte über den Beitritt Spaniens und Portugals, zu verlangen.

(17) Vereinbarungen können entsprechend ihrer Eigenart in den Genuß entweder dieser oder einer anderen Verordnung gelangen, sofern sie die für deren Anwendung jeweils erforderlichen Voraussetzungen erfüllen. Aus einer Verbindung von Vorschriften dieser Verordnung mit solchen einer anderen Verordnung wächst ihnen dagegen kein Rechtsvorteil zu –
hat folgende Verordnung erlassen:

Art. 1. (1) Art. 85 Abs. 1 des Vertrags wird gemäß Art. 85 Abs. 3 unter den in dieser Verordnung genannten Voraussetzungen auf Franchisevereinbarungen für nicht anwendbar erklärt, an denen mehr als zwei Unternehmen beteiligt sind und die eine oder mehrere der in Art. 2 bezeichneten Beschränkungen enthalten.

(2) Die Freistellung nach Abs. 1 gilt auch für Hauptfranchisevereinbarungen, an denen nicht mehr als zwei Unternehmen beteiligt sind. Die Vorschriften dieser Verordnung über das Verhältnis zwischen dem Franchisegeber und dem Franchisenehmer finden, soweit dies möglich ist, auf das Verhältnis zwischen dem Franchisegeber und dem Hauptfranchisenehmer sowie auf das Verhältnis zwischen dem Hauptfranchisenehmer und dem Franchisenehmer entsprechende Anwendung.

(3) Für die Anwendung dieser Verordnung gelten folgende Begriffsbestimmungen:

a) „Franchise" ist eine Gesamtheit von Rechten an gewerblichem oder geistigem Eigentum wie Warenzeichen, Handelsnamen, Ladenschilder, Gebrauchsmuster, Geschmacksmuster, Urheberrechte, Know-how oder Patente, die zum Zwecke des Weiterverkaufs von Waren oder der Erbringung von Dienstleistungen an Endverbraucher genutzt wird.

b) „Franchisevereinbarungen" sind Vereinbarungen, in denen ein Unternehmen, der Franchisegeber, es einem anderen Un-

---

[1] ABl. Nr. 13 vom 21. 2. 1962, S. 204/62.

Anhang 2   Franchisevereinbarungen

ternehmen, dem Franchisenehmer, gegen unmittelbare oder mittelbare finanzielle Vergütung gestattet, eine Franchise zum Zwecke der Vermarktung bestimmter Waren und/oder Dienstleistungen zu nutzen. Sie müssen den folgenden Gegenstand enthalten:
- die Benutzung eines gemeinsamen Namens oder Zeichens sowie die einheitliche Aufmachung der vertraglich bezeichneten Geschäftslokale und/oder Transportmittel;
- die Mitteilung von Know-how durch den Franchisegeber an den Franchisenehmer;
- eine fortlaufende kommerzielle oder technische Unterstützung des Franchisenehmers durch den Franchisegeber während der Laufzeit der Vereinbarung.

c) „Hauptfranchisevereinbarungen" sind Vereinbarungen, in denen ein Unternehmen, der Franchisegeber, es einem anderen Unternehmen, dem Hauptfranchisenehmer, gegen unmittelbare oder mittelbare finanzielle Vergütung gestattet, eine Franchise zum Zwecke des Abschlusses von Franchisevereinbarungen mit dritten Unternehmen, den Franchisenehmern, zu nutzen.

d) „Waren des Franchisegebers" sind Erzeugnisse, die vom Franchisegeber oder nach dessen Anweisungen hergestellt und/oder mit dessen Namen oder Warenzeichen gekennzeichnet sind.

e) „Vertraglich bezeichnete Geschäftslokale" sind die für die Nutzung der Franchise bestimmten Räumlichkeiten oder, wenn die Franchise außerhalb eines solchen Geschäftslokals genutzt wird, der Standort, von dem aus der Franchisenehmer die für die Nutzung der Franchise bestimmten Transportmittel („vertraglich bezeichnete Transportmittel") einsetzt.

f) „Kow-how" ist eine Gesamtheit von nichtpatentierten praktischen Kenntnissen, die auf Erfahrungen des Franchisegebers sowie Erprobungen durch diesen beruhen und die geheim, wesentlich und identifiziert sind.

g) „Geheim" bedeutet, daß das Know-how in seiner Substanz, seiner Struktur oder der genauen Zusammensetzung seiner Teile nicht allgemein bekannt oder nicht leicht zugänglich ist. Der Begriff ist nicht in dem engen Sinne zu verstehen, daß jeder einzelne Teil des Know-how außerhalb des Geschäfts des Franchisegebers völlig unbekannt oder unerhältlich sein müßte.

h) „Wesentlich" bedeutet, daß das Know-how Kenntnisse umfaßt, die für den Verkauf von Waren oder die Erbringung von Dienstleistungen an Endverbraucher, insbesondere für die Präsentation der zum Verkauf bestimmten Waren, die Bearbeitung von Erzeugnissen im Zusammenhang mit der Erbringung von Dienstleistungen, die Art und Weise der Kundenbedienung sowie die Führung des Geschäfts in verwaltungsmäßiger und finanzieller Hinsicht wichtig sind. Das Know-how muß für den Franchisenehmer nützlich sein; dies trifft zu, wenn es bei Abschluß der Vereinbarung geeignet ist, die Wettbewerbsstellung des Franchisenehmers insbesondere dadurch zu verbessern, daß es dessen Leistungsfähigkeit steigert und ihm das Eindringen in einen neuen Markt erleichtert.
i) „Identifiziert" bedeutet, daß das Know-how ausführlich genug beschrieben sein muß, um prüfen zu können, ob es die Merkmale des Geheimnisses und der Wesentlichkeit erfüllt. Die Beschreibung des Know-how kann entweder in der Franchisevereinbarung oder einem besonderen Schriftstück niedergelegt oder in jeder anderen geeigneten Form vorgenommen werden.

Art. 2. Die Freistellung nach Art. 1 gilt für die nachstehend aufgeführten Wettbewerbsbeschränkungen:
a) Die Verpflichtung des Franchisegebers, in einem abgegrenzten Gebiet des Gemeinsamen Marktes, dem Vertragsgebiet,
   – dritten Unternehmen die Nutzung der Franchise weder ganz noch teilweise zu gestatten;
   – die Franchise nicht selbst zu nutzen und Waren oder Dienstleistungen, die Gegenstand der Franchise sind, nicht unter Verwendung einer ähnlichen Methode zu vermarkten;
   – Waren des Franchisegebers nicht selbst an Dritte zu liefern:
b) die Verpflichtung des Hauptfranchisenehmers, mit Dritten außerhalb des Vertragsgebiets keine Franchisevereinbarungen zu schließen;
c) die Verpflichtung des Franchisenehmers, die Franchise nur von dem vertraglich bezeichneten Geschäftslokal aus zu nutzen;
d) die Verpflichtung des Franchisenehmers, außerhalb des Vertragsgebiets für Waren oder Dienstleistungen, die Gegenstand der Franchise sind, keine Kunden zu werben;

Anhang 2 Franchisevereinbarungen

e) die Verpflichtung des Franchisenehmers, keine Erzeugnisse herzustellen, zu verkaufen oder bei der Erbringung von Dienstleistungen zu verwenden, die mit Waren des Franchisegebers im Wettbewerb stehen, welche Gegenstand der Franchise sind. Besteht der Gegenstand der Franchise darin, sowohl bestimmte Arten von Erzeugnissen als auch Ersatzteile für diese und Zubehör zu verkaufen oder bei der Erbringung von Dienstleistungen zu verwenden, so darf die Verpflichtung nicht hinsichtlich der Ersatzteile oder des Zubehörs auferlegt werden.

Art. 3. (1) Der Anwendbarkeit von Art. 1 stehen folgende, dem Franchisenehmer auferlegte Verpflichtungen nicht entgegen, soweit sie für den Schutz der Rechte des Franchisegebers an gewerblichem oder geistigem Eigentum oder zur Aufrechterhaltung der Einheitlichkeit und des Ansehens des Franchisenetzes erforderlich sind:

a) ausschließlich Erzeugnisse zu verkaufen oder bei der Erbringung von Dienstleistungen zu verwenden, die eine vom Franchisegeber festgelegte Mindestqualität erreichen;

b) nur solche Erzeugnisse zu verkaufen oder bei der Erbringung von Dienstleistungen zu verwenden, die vom Franchisegeber selbst oder einem von ihm benannten dritten Unternehmen hergestellt worden sind, falls es wegen der Art der Erzeugnisse, die Gegenstand der Franchise sind, praktisch unmöglich ist, objektive Qualitätskriterien anzuwenden;

c) in Gebieten, in denen er mit Unternehmen des Franchisenetzes einschließlich des Franchisegebers in Wettbewerb treten würde, die Franchise weder mittelbar noch unmittelbar in einem ähnlichen Geschäft zu nutzen. Diese Verpflichtung kann dem Franchisenehmer hinsichtlich des Gebietes, in welchem er die Franchise genutzt hat, auch noch für einen angemessenen Zeitraum nach Beendigung der Vereinbarung auferlegt werden, der ein Jahr nicht überschreiten darf;

d) keine Anteile am Kapital eines konkurrierenden Unternehmens zu erwerben, die es dem Franchisenehmer ermöglichen würden, einen wesentlichen Einfluß auf das geschäftliche Verhalten des Unternehmens auszuüben;

e) Waren, die Gegenstand der Franchise sind, nur an Endverbraucher, an andere Franchisenehmer und an Wiederverkäufer abzusetzen, die in andere, vom Hersteller dieser Waren oder mit dessen Zustimmung belieferte Vertriebswege eingegliedert sind;

f) sich nach besten Kräften um den Absatz der Waren oder die Erbringung der Dienstleistungen zu bemühen, die Gegenstand der Franchise sind, ein Mindestsortiment von Waren zum Verkauf anzubieten, einen Mindestumsatz zu erzielen. Bestellungen im voraus zu planen, ein Mindestlager zu unterhalten sowie Kundendienst und Garantieleistungen zu gewähren;

g) dem Franchisegeber einen bestimmten Teil seines Einkommens für Werbezwecke zu überweisen und eigene Werbemaßnahmen durchzuführen, wobei er die Zustimmung des Franchisegebers zu der Art der Werbung einholen muß.

(2) Der Anwendbarkeit von Art. 1 stehen folgende, dem Franchisenehmer auferlegte Verpflichtungen nicht entgegen:

a) das von dem Franchisegeber mitgeteilte Know-how nicht an Dritte weiterzugeben; diese Verpflichtung kann dem Franchisenehmer auch für die Zeit nach Beendigung der Vereinbarung auferlegt werden;

b) dem Franchisegeber alle bei der Nutzung der Franchise gewonnenen Erfahrungen mitzuteilen und ihm sowie den anderen Franchisenehmern die nicht ausschließliche Nutzung des auf diesen Erfahrungen beruhenden Know-how zu gestatten;

c) dem Franchisegeber Verletzungen seiner Rechte an gewerblichem oder geistigem Eigentum mitzuteilen, für die er Lizenzen gewährt hat, gegen Verletzer selbst Klage zu erheben oder den Franchisegeber in einem Rechtsstreit gegen Verletzer zu unterstützen;

d) das vom Franchisegeber mitgeteilte Know-how nicht für andere Zwecke als die Nutzung der Franchise zu verwenden; diese Verpflichtung kann dem Franchisenehmer auch für die Zeit nach Beendigung der Vereinbarung auferlegt werden;

e) an den vom Franchisegeber durchgeführten Ausbildungslehrgängen selbst teilzunehmen oder sein Personal daran teilnehmen zu lassen;

f) die vom Franchisegeber entwickelten Geschäftsmethoden mit allen späteren Änderungen anzuwenden und die lizenzierten Rechte an gewerblichem oder geistigem Eigentum zu nutzen;

Anhang 2 Franchisevereinbarungen

g) die Anforderungen des Franchisegebers hinsichtlich der Einrichtung und Gestaltung des vertraglich bezeichneten Geschäftslokals und/oder der vertraglich bezeichneten Transportmittel zu erfüllen;
h) dem Franchisegeber zu gestatten, das vertraglich bezeichnete Geschäftslokal und/oder die vertraglich bezeichneten Transportmittel, den Umfang der verkauften Waren und der erbrachten Dienstleistungen sowie das Inventar und die Bücher des Franchisenehmers zu überprüfen;
i) das vertraglich bezeichnete Geschäftslokal nur mit Erlaubnis des Franchisegebers zu verlegen;
j) Rechte und Pflichten aus der Franchisevereinbarung nur mit Erlaubnis des Franchisegebers zu übertragen.

(3) Für den Fall, daß die in Abs. 2 aufgeführten Verpflichtungen aufgrund besonderer Umstände von dem Verbot des Art. 85 Abs. 1 erfaßt werden, sind sie ebenfalls freigestellt, auch wenn sie nicht im Zusammenhang mit den nach Art. 1 freigestellten Beschränkungen vereinbart werden.

Art. 4. Die Freistellung nach Art. 1 gilt unter der Voraussetzung,
a) daß der Franchisenehmer Waren, die Gegenstand der Franchise sind, von anderen Franchisenehmern beziehen kann; werden diese Waren auch über ein anderes vom Franchisegeber errichtetes Netz zugelassener Händler vertrieben, so muß der Franchisenehmer die Möglichkeit haben, sie von diesen Händlern zu beziehen;
b) daß die dem Franchisenehmer vom Franchisegeber auferlegte Verpflichtung, für Erzeugnisse des Franchisegebers Garantieleistungen zu erbringen, auch dann anwendbar ist, wenn diese Erzeugnisse von einem anderen Unternehmen des Franchisenetzes oder von einem anderen Vertriebshändler im Gemeinsamen Markt, den eine ähnliche Garantiepflicht trifft, geliefert worden sind;
c) daß der Franchisenehmer verpflichtet ist, seine Stellung als unabhängiger Händler bekanntzugeben; dies darf jedoch die Einheitlichkeit des Franchisenetzes, die sich insbesondere aus dem gemeinsamen Namen oder Ladenschild und dem einheitlichen Erscheinungsbild der vertraglich bezeichneten Geschäftslokale und/oder Transportmittel ergibt, nicht beeinträchtigen.

Franchisevereinbarungen **Anhang 2**

Art. 5. Die Freistellung nach Art. 1 gilt nicht, wenn

a) Unternehmen, die Waren herstellen oder Dienstleistungen erbringen, welche gleich sind oder aufgrund ihrer Eigenschaften, ihrer Preislage und ihres Verwendungszwecks als gleichartig angesehen werden, im Hinblick auf diese Waren oder Dienstleistungen untereinander Franchisevereinbarungen treffen;

b) der Franchisenehmer daran gehindert wird, Waren zu beziehen, die in ihrer Qualität den vom Franchisegeber angebotenen Waren entsprechen; Art. 2 Buchst. e) und Art. 3 Abs. 1 Buchst. b) bleiben unberührt;

c) der Franchisenehmer verpflichtet ist, Erzeugnisse zu verkaufen oder bei der Erbringung von Dienstleistungen zu verwenden, die von dem Franchisegeber oder einem von ihm benannten dritten Unternehmen hergestellt werden und der Franchisegeber sich aus Gründen, die mit dem Schutz seines gewerblichen oder geistigen Eigentums oder der Aufrechterhaltung der Einheitlichkeit und des Ansehens des Franchisenetzes nichts zu tun haben, weigert, vom Franchisenehmer vorgeschlagene dritte Unternehmen als Hersteller zuzulassen; Art. 2 Buchst. e bleibt unberührt;

d) der Franchisenehmer daran gehindert wird, nach Beendigung der Vereinbarung das mitgeteilte Know-how weiterhin zu verwerten, selbst wenn dieses durch andere Umstände als den Bruch einer Verpflichtung durch den Franchisenehmer allgemein bekannt oder leicht erhältlich geworden ist;

e) der Franchisenehmer von dem Franchisegeber in seiner Freiheit, die Verkaufspreise für Waren oder Dienstleistungen festzulegen, die Gegenstand der Franchise sind, unmittelbar oder mittelbar beschränkt wird; das Recht des Franchisegebers, Verkaufspreise zu empfehlen, bleibt unberührt;

f) der Franchisegeber dem Franchisenehmer verbietet, Rechte an gewerblichem oder geistigem Eigentum anzugreifen, die Gegenstand der Franchise sind; das Recht des Franchisegebers, in einem solchen Fall die Vereinbarung zu beenden, bleibt unberührt;

g) Franchisenehmer verpflichtet sind, Endverbraucher im Gemeinsamen Markt aus Gründen des Wohnsitzes nicht mit Waren oder Dienstleistungen zu beliefern.

Anhang 2 Franchisevereinbarungen

Art. 6. (1) Die Freistellung nach Art. 1 gilt gleichfalls für Franchisevereinbarungen, welche die Bedingungen des Art. 4 erfüllen und wettbewerbsbeschränkende Verpflichtungen enthalten, die nicht von den Art. 2 und 3 Abs. 3 gedeckt sind, aber auch nicht in den Anwendungsbereich von Art. 5 fallen, sofern diese Vereinbarungen gemäß der Verordnung Nr. 27 der Kommission[1] bei der Kommission angemeldet werden und die Kommission innerhalb einer Frist von sechs Monaten keinen Widerspruch gegen die Freistellung erhebt.

(2) Die Sechsmonatsfrist beginnt mit dem Zeitpunkt des Eingangs der Anmeldung bei der Kommission. Bei Anmeldungen, die per Einschreiben versandt werden, beginnt dieser Zeitraum mit dem Datum des Poststempels des Aufgabeortes.

(3) Abs. 1 gilt nur, wenn:
a) in der Anmeldung oder einer beigefügten Mitteilung auf diesen Artikel ausdrücklich Bezug genommen wird und
b) die Angaben in der Anmeldung vollständig sind und den Tatsachen entsprechen.

(4) Die Anwendung von Abs. 1 kann bei der Kommission unter Bezugnahme auf diesen Artikel und auf die Anmeldung auch für Vereinbarungen beantragt werden, die vor Inkrafttreten dieser Verordnung angemeldet worden sind. Die Abs. 2 und 3 Buchst. b) gelten entsprechend.

(5) Die Kommission kann Widerspruch gegen die Freistellung erheben. Sie erhebt Widerspruch, wenn sie von einem Mitgliedstaat innerhalb von drei Monaten nach Übersendung der in Abs. 1 genannten Anmeldung oder der in Abs. 4 genannten Mitteilung einen entsprechenden Antrag erhält. Der Antrag muß auf Erwägungen zu den Wettbewerbsregeln des Vertrages gestützt sein.

(6) Die Kommission kann den Widerspruch gegen die Freistellung jederzeit zurücknehmen. Ist jedoch der Widerspruch auf Antrag eines Mitgliedstaats erhoben worden und hält dieser seinen Antrag aufrecht, so kann der Widerspruch erst nach Anhörung des Beratenden Ausschusses für Kartell- und Monopolfragen zurückgenommen werden.

(7) Wird der Widerspruch zurückgenommen, nachdem die beteiligten Unternehmen dargelegt haben, daß die Voraussetzun-

---

[1] ABl. Nr. 35 vom 10. 5. 1962, S. 1118/62.

gen von Art. 85 Abs. 3 erfüllt sind, so gilt die Freistellung vom Zeitpunkt der Anmeldung an.

(8) Wird der Widerspruch zurückgenommen, weil die beteiligten Unternehmen die Vereinbarung so geändert haben, daß sie die Voraussetzungen von Art. 85 Abs. 3 erfüllt, gilt die Freistellung von dem Zeitpunkt an, zu dem diese Änderungen wirksam geworden sind.

(9) Erhebt die Kommission Widerspruch und wird dieser nicht zurückgenommen, richten sich die Wirkungen der Anmeldung nach den Vorschriften der Verordnung Nr. 17.

Art. 7. (1) Die bei der Anwendung des Art. 6 erlangten Kenntnisse dürfen nur für die Zwecke dieser Verordnung verwertet werden.

(2) Die Kommission und die Behörden der Mitgliedstaaten sowie ihre Beamten und sonstigen Bediensteten sind verpflichtet, Kenntnisse nicht preiszugeben, die sie bei der Anwendung dieser Verordnung erlangt haben und die ihrem Wesen nach unter das Berufsgeheimnis fallen.

(3) Die Abs. 1 und 2 stehen der Veröffentlichung von Übersichten oder Zusammenfassungen, die keine Angaben über einzelne Unternehmen oder Unternehmensvereinigungen enthalten, nicht entgegen.

Art. 8. Die Kommission kann gemäß Art. 7 der Verordnung Nr. 19/65/EWG den Rechtsvorteil der Anwendung dieser Verordnung entziehen, wenn sie in einem Einzelfall feststellt, daß eine nach dieser Verordnung freigestellte Vereinbarung gleichwohl Auswirkungen hat, die mit den in Art. 85 Abs. 3 des Vertrags genannten Voraussetzungen unvereinbar sind, insbesondere dann, wenn dem Franchisenehmer Gebietsschutz gewährt wird und:

a) der Zugang zu dem betroffenen Markt oder der Wettbewerb auf diesem Markt durch die kumulativen Auswirkungen paralleler Netze gleichartiger Vereinbarungen, die von konkurrierenden Herstellern oder Händlern errichtet werden, in erheblichem Maße eingeschränkt ist;

b) die Waren oder Dienstleistungen, die Gegenstand der Franchise sind, in einem wesentlichen Teil des Gemeinsamen Marktes nicht mit gleichen Waren oder Dienstleistungen oder solchen,

Anhang 2 Franchisevereinbarungen

      die vom Verbraucher aufgrund ihrer Eigenschaften, ihrer Preislage und ihres Verwendungszwecks als gleichartig angesehen werden, in wirksamem Wettbewerb stehen;

c) die Vertragspartner oder einer von ihnen Endverbraucher aufgrund ihres Wohnorts daran hindern, Waren oder Dienstleistungen, die Gegenstand der Franchise sind, unmittelbar oder mit Hilfe von Vermittlern zu beziehen, oder wenn sie die zwischen Mitgliedstaaten bestehenden Unterschiede in der Beschreibung solcher Waren oder Dienstleistungen zur Abschottung von Märkten ausnutzen;

d) Franchisenehmer die Verkaufspreise für Waren oder Dienstleistungen, die Gegenstand der Franchise sind, aufeinander abstimmen.

Anhang 3

Verordnung Nr. 1983/83

der Kommission vom 22. Juni 1983 (AB1EG Nr. L 173/1 vom 30. Juni 1983).

Gruppenfreistellung von Alleinvertriebsvereinbarungen

Die Kommission der Europäischen Gemeinschaften –
gestützt auf den Vertrag zur Gründung der Europäischen Wirtschaftsgemeinschaft,
gestützt auf die Verordnung Nr. 19/65/EWG des Rates vom 2. März 1965 über die Anwendung von Artikel 85 Absatz 3 des Vertrages auf Gruppen von Vereinbarungen und aufeinander abgestimmten Verhaltensweisen, zuletzt geändert durch die Akte über den Beitritt Griechenlands, insbesondere auf Artikel 1,
nach Veröffentlichung des Verordnungsentwurfs,
nach Anhörung des Beratenden Ausschusses für Kartell- und Monopolfragen,
in Erwägung nachstehender Gründe:

(1) Die Kommission ist nach der Verordnung Nr. 19/65/EWG ermächtigt, durch Verordnung Artikel 85 Absatz 3 des Vertrages auf bestimmte unter Artikel 85 Absatz 1 fallende Gruppen von zweiseitigen Alleinvertriebsvereinbarungen und entsprechenden aufeinander abgestimmten Verhaltensweisen anzuwenden.

(2) Aufgrund der bisher gewonnenen Erfahrungen läßt sich eine Gruppe von Vereinbarungen und aufeinander abgestimmten Verhaltensweisen bestimmen, für welche die Voraussetzungen des Artikels 85 Absatz 3 regelmäßig als erfüllt angesehen werden können.

(3) Alleinvertriebsvereinbarungen der in Artikel 1 dieser Verordnung umschriebenen Gruppe können unter das Verbot des Artikels 85 Absatz 1 des Vertrages fallen. Auf Alleinvertriebsvereinbarungen, an denen ausschließlich Unternehmen aus einem Mitgliedstaat beteiligt sind und die den Weiterverkauf von Waren innerhalb dieses Mitgliedstaats betreffen, wird das zwar nur ausnahmsweise zutreffen. Soweit derartige Vereinbarungen jedoch geeignet sind, den Handel zwischen Mitgliedstaaten zu beeinträchtigen und darüber hinaus allen in dieser Verordnung genannten Voraussetzungen entsprechen, besteht kein Anlaß, ihnen den Rechtsvorteil der Gruppenfreistellung vorzuenthalten.

Anhang 3 Alleinvertriebsvereinbarungen

(4) Es ist nicht erforderlich, diejenigen Vereinbarungen, welche den Tatbestand des Artikels 85 Absatz 1 des Vertrages nicht erfüllen, ausdrücklich von der umschriebenen Gruppe auszunehmen.

(5) Alleinvertriebsvereinbarungen haben im allgemeinen eine Verbesserung der Verteilung zur Folge, weil der Unternehmer seine Verkaufstätigkeit konzentrieren kann, nicht eine Vielzahl von Geschäftsverbindungen mit einer größeren Anzahl von Händlern zu unterhalten braucht und durch den Geschäftsverkehr mit nur einem Händler Absatzschwierigkeiten, die sich im grenzüberschreitenden Verkehr aus sprachlichen, rechtlichen und sonstigen Unterschieden ergeben, leichter überwinden kann.

(6) Alleinvertriebsvereinbarungen erleichtern die Absatzförderung einer Ware und führen zu einer intensiven Bearbeitung des Marktes und einer kontinuierlichen Versorgung unter gleichzeitiger Rationalisierung der Verteilung. Sie stärken zugleich den Wettbewerb zwischen Erzeugnissen verschiedener Hersteller. Die Bestellung eines Alleinvertriebshändlers, der Aufwendungen für Absatzförderung, Kundendienst und Lagerhaltung übernimmt, ist für den Hersteller oft das wirksamste und manchmal sogar das einzige Mittel, um in einen Markt einzudringen und sich dort im Wettbewerb mit anderen Herstellern zu behaupten. Letzteres trifft vor allem auf kleine und mittlere Unternehmen zu. Es muß den Vertragspartnern überlassen bleiben, ob und inwieweit sie absatzfördernde Verpflichtungen in ihre Vereinbarungen aufnehmen wollen.

(7) Derartige Alleinvertriebsvereinbarungen tragen in der Regel auch zu einer angemessenen Beteiligung der Verbraucher an dem entstehenden Gewinn bei, weil ihnen die Verbesserung der Verteilung unmittelbar zugute kommt und ihre wirtschaftliche und versorgungsmäßige Situation dadurch verbessert wird, daß sie insbesondere in anderen Staaten hergestellte Erzeugnisse rascher und bequemer beziehen können.

(8) Die Verordnung muß die wettbewerbsbeschränkenden Verpflichtungen bestimmen, die in einer Alleinvertriebsvereinbarung enthalten sein dürfen. Die in dieser Verordnung neben der Alleinbelieferungspflicht zugelassenen Wettbewerbsbeschränkungen führen zu einer klaren Aufgabenverteilung zwischen den Vertragspartnern und zwingen den Alleinvertriebs-

händler, seine Verkaufsbemühungen auf die Vertragswaren und auf das Vertragsgebiet zu konzentrieren. Sie sind, falls sie nur für die Laufzeit des Vertrages vereinbart werden, regelmäßig erforderlich, um die mit dem Alleinvertrieb angestrebte Verbesserung der Warenverteilung zu erreichen. Es kann den Vertragspartnern überlassen bleiben, welche dieser Bestimmungen sie im einzelnen in ihre Vereinbarungen aufnehmen. Weitere wettbewerbsbeschränkende Verpflichtungen, insbesondere solche, die den Alleinvertriebshändler in der Freiheit der Gestaltung von Preisen und Geschäftsbedingungen oder der Wahl seiner Kunden beschränken, können nach dieser Verordnung dagegen nicht freigestellt werden.

(9) Die Gruppenfreistellung ist auf Vereinbarungen zu beschränken, von denen mit hinreichender Sicherheit angenommen werden kann, daß sie den in Artikel 85 Absatz 3 des Vertrages genannten Voraussetzungen entsprechen.

(10) Ohne eine Prüfung im Einzelfall läßt sich nicht feststellen, daß ausreichende Verbesserungen der Warenverteilung auch dann eintreten, wenn ein Hersteller den Alleinvertrieb seiner Waren einem anderen, mit ihm im Wettbewerb stehenden Hersteller überträgt. Es ist daher angezeigt, solche Vereinbarungen von der Gruppenfreistellung auszuschließen. Zugunsten kleiner und mittlerer Unternehmen können jedoch bestimmte Abweichungen von dieser Regel zugelassen werden.

(11) Eine angemessene Beteiligung der Verbraucher an den durch den Alleinvertrieb entstehenden Vorteilen ist nur dann gewährleistet, wenn Parallelimporte möglich bleiben. Vereinbarungen über Waren, welche die Verbraucher nur vom Alleinvertriebshändler beziehen können, sind daher von der Gruppenfreistellung auszuschließen. Es kann auch nicht hingenommen werden, daß die Vertragspartner gewerbliche Schutzrechte oder sonstige Rechte mißbrauchen, um einen absoluten Gebietsschutz herbeizuführen. Dadurch wird das Verhältnis zwischen den Wettbewerbsregeln und den gewerblichen Schutzrechten nicht präjudiziert, da hier nur die Voraussetzungen für die Gruppenfreistellung festgelegt werden.

(12) Da durch die Möglichkeit von Parallelimporten der Wettbewerb auf der Handelsstufe gewährleistet ist, wird durch die unter diese Verordnung fallenden Alleinvertriebsvereinbarungen in der Regel keine Möglichkeit eröffnet, für einen wesentlichen

Anhang 3 Alleinvertriebsvereinbarungen

Teil der betreffenden Waren den Wettbewerb auszuschalten. Das gilt auch für Vereinbarungen, die dem Alleinvertriebshändler den gesamten Gemeinsamen Markt als Vertragsgebiet zuweisen.

(13) Sollten im Einzelfall Vereinbarungen oder aufeinander abgestimmte Verhaltensweisen, die unter diese Verordnung fallen, gleichwohl Wirkungen haben, die mit den in Artikel 85 Absatz 3 des Vertrages vorgesehenen Voraussetzungen unvereinbar sind, so kann die Kommission den beteiligten Unternehmen den Rechtsvorteil der Gruppenfreistellung entziehen.

(14) Vereinbarungen und aufeinander abgestimmte Verhaltensweisen, welche die Voraussetzungen dieser Verordnung erfüllen, brauchen nicht angemeldet zu werden. Es bleibt den Unternehmen jedoch unbenommen, im Einzelfall bei ernsthaftem Zweifel von der Kommission eine Erklärung über die Vereinbarkeit ihrer Absprachen mit dieser Verordnung zu verlangen.

(15) Diese Verordnung läßt die Anwendbarkeit der Verordnung (EWG) Nr. 3604/82 der Kommission vom 23. Dezember 1982 über die Anwendung von Artikel 85 Absatz 3 des Vertrages auf Gruppen von Spezialisierungsvereinbarungen unberührt. Sie schließt die Anwendung von Artikel 86 des Vertrages nicht aus –

Hat folgende Verordnung erlassen:

Art. 1. Artikel 85 Absatz 1 des Vertrages wird gemäß Artikel 85 Absatz 3 unter den in dieser Verordnung genannten Voraussetzungen auf Vereinbarungen für nicht anwendbar erklärt, an denen nur zwei Unternehmen beteiligt sind, und in denen sich der eine Vertragspartner dem anderen gegenüber verpflichtet, zum Zwecke des Weiterverkaufs im Gesamtgebiet oder in einem angegrenzten Teilgebiet der Gemeinschaft bestimmte Waren nur an ihn zu liefern.

Art. 2. (1) Dem Lieferanten dürfen außer der in Artikel 1 genannten Verpflichtung keine anderen Wettbewerbsbeschränkungen auferlegt werden als die Verpflichtung, im Vertragsgebiet Verbraucher nicht mit Vertragswaren zu beliefern.

(2) Dem Alleinvertriebshändler dürfen keine anderen Wettbewerbsbeschränkungen auferlegt werden als
a) Die Verpflichtung, mit den Vertragwaren im Wettbewerb stehende Waren nicht herzustellen oder zu vertreiben;

b) die Verpflichtung, Vertragswaren zum Zweck des Weiterverkaufs nur von dem anderen Vertragspartner zu beziehen;
c) die Verpflichtung, außerhalb seines Vertragsgebiets für die Vertragswaren keine Kunden zu werben, keine Niederlassungen einzurichten und keine Auslieferungslager zu unterhalten.

(3) Der Anwendbarkeit des Artikels 1 stehen folgende Verpflichtungen des Alleinvertriebshändlers nicht entgegen:
a) vollständige Warensortimente oder Mindestmengen abzunehmen;
b) Vertragswaren unter den Warenzeichen oder in der Ausstattung zu vertreiben, die der andere Vertragspartner vorschreibt;
c) vertiebsfördernde Maßnahmen zu ergreifen, insbesondere
   – Werbung zu treiben,
   – ein Verkaufsnetz oder ein Lager zu unterhalten,
   – Kundendienst und Garantieleistungen zu gewähren,
   – fachlich oder technisch geschultes Personal zu verwenden.

Art. 3. Artikel 1 ist nicht anwendbar, wenn
a) Hersteller von gleichen Waren oder solchen, die vom Verbraucher aufgrund ihrer Eigenschaften, ihrer Preislage und ihres Verwendungszwecks als gleichartig angesehen werden, untereinander wechselseitige Alleinvertriebsvereinbarungen über diese Waren treffen;
b) Hersteller von gleichen Waren oder solchen, die vom Verbraucher aufgrund ihrer Eigenschaften, ihrer Preislage und ihres Verwendungszwecks als gleichartig angesehen werden, untereinander nichtwechselseitige Alleinvertriebsvereinbarungen über die Ware treffen, es sei denn, daß mindestens einer der Vertragspartner einen jährlichen Gesamtumsatz von nicht mehr als 100 Millionen Europäischen Währungseinheiten (ECU) erzielt;
c) die Verbraucher die Vertragswaren innerhalb des Vertragsgebiets nur von dem Alleinvertriebshändler beziehen können und auch außerhalb des Vertragsgebiets keine alternativen Versorgungsquellen vorhanden sind;
d) die Vertragspartner oder einer von ihnen es Zwischenhändlern oder Verbrauchern erschweren, die Vertragswaren von anderen Händlern innerhalb des Gemeinsamen Marktes oder, sofern dort keine alternativen Versorgungsquellen vorhanden

Anhang 3 Alleinvertriebsvereinbarungen

sind, außerhalb des Gemeinsamen Marktes zu beziehen, insbesondere wenn sie
1. gewerbliche Schutzrechte ausüben, um Händler oder Verbraucher daran zu hindern, rechtmäßig gekennzeichnete oder rechtmäßig in Verkehr gebrachte Vertragswaren außerhalb des Vertragsgebiets zu beziehen oder im Vertragsgebiet zu veräußern;
2. sonstige Rechte ausüben oder Maßnahmen treffen, um Händler oder Verbraucher daran zu hindern, Vertragswaren außerhalb des Vertragsgebiets zu beziehen oder im Vertragsgebiet zu veräußern.

Art. 4. (1) Artikel 3 Buchstaben a) und b) bleiben anwendbar, wenn die dort bezeichneten Waren von einem mit dem vertragschließenden Unternehmen verbundenen Unternehmen hergestellt werden.

(2) Verbundene Unternehmen sind
a) die Unternehmen, bei denen ein vertragschließendes Unternehmen unmittelbar oder mittelbar
   - mehr als die Hälfte des Kapitals oder des Betriebsvermögens besitzt oder
   - über mehr als die Hälfte der Stimmrechte verfügt oder
   - mehr als die Hälfte der Mitglieder des Aufsichtsrats oder der zur gesetzlichen Vertretung berufenen Organe bestellen kann oder
   - das Recht hat, die Geschäfte des Unternehmens zu führen;
b) die Unternehmen, die bei einem vertragschließenden Unternehmen unmittelbar oder mittelbar die unter Buchstabe a) bezeichneten Rechte oder Einflußmöglichkeiten haben;
c) die Unternehmen, bei denen ein unter Buchstabe b) genanntes Unternehmen unmittelbar oder mittelbar die unter Buchstabe a) bezeichneten Rechte oder Einflußmöglichkeiten hat.

(3) Unternehmen, bei denen die vertragschließenden oder mit ihnen verbundenen Unternehmen gemeinsam die in Absatz 2 Buchstabe a) bezeichneten Rechte oder Einflußmöglichkeiten haben, gelten als mit jedem der vertragschließenden Unternehmen verbunden.

Art. 5. (1) Für die Anwendung von Absatz 3 Buchstabe b) gilt die für die Aufstellung des Haushaltsplans der Gemeinschaft nach den Artikeln 207 und 209 des Vertrages vorgesehene Europäische Währungseinheit (ECU).

(2) Artikel 1 bleibt anwendbar, wenn der in Artikel 3 Buchstabe b) genannte Gesamtumsatz innerhalb von zwei aufeinanderfolgenden Geschäftsjahren um nicht mehr als 10 v. H. überschritten wird.

(3) Für die Berechnung des Gesamtumsatzes im Sinne von Artikel 3 Buchstabe b) sind die Umsätze zusammenzuzählen, die das vertragschließende und die mit ihm verbundenen Unternehmen im letzten Geschäftsjahr mit allen Waren und Dienstleistungen vor Steuern und sonstigen Abgaben erzielt haben. Dabei werden Umsätze zwischen dem vertragschließenden und den mit ihm verbundenen Unternehmen und solche zwischen den verbundenen Unternehmen nicht mitgezählt.

Art. 6. Die Kommission kann den Vorteil der Anwendung dieser Verordnung gemäß Artikel 7 der Verordnung Nr. 19/65/EWG entziehen, wenn sie in einem Einzelfall feststellt, daß eine nach dieser Verordnung freigestellte Vereinbarung gleichwohl Wirkungen hat, die mit den in Artikel 85 Absatz 3 des Vertrages vorgesehene Voraussetzungen unvereinbar sind, insbesondere dann, wenn

a) die Vertragswaren im Vertragsgebiet nicht mit gleichen Waren oder solchen, die vom Verbraucher aufgrund ihrer Eigenschaften, ihrer Preislage und ihres Verwendungszwecks als gleichartig angesehen werden, in wirksamem Wettbewerb stehen;

b) anderen Lieferanten der Zugang zu den einzelnen Vertriebsstufen im Vertragsgebiet wesentlich erschwert wird;

c) Zwischenhändler oder Verbraucher aus anderen als den in Artikel 3 Buchstaben c) und d) genannten Gründen die Vertragswaren nicht von Händlern außerhalb des Vertragsgebiets zu den dort üblichen Marktbedingungen beziehen können;

d) der Alleinvertriebshändler
  1. ohne sachlich gerechtfertigten Grund in seinem Vertragsgebiet Gruppen von Abnehmern, denen ein anderweitiger Bezug von Vertragswaren zu angemessenen Bedingungen nicht möglich ist, von der Belieferung ausschließt oder ihnen gegenüber unterschiedliche Preise oder Verkaufsbedingungen anwendet;

Anhang 3   Alleinvertriebsvereinbarungen

2. die Vertragswaren zu unverhältnismäßig hohen Preisen verkauft

Art. 7. Das Verbot des Artikels 85 Absatz 1 des Vertrages gilt in der Zeit vom 1. Juli 1983 bis zum 31. Dezember 1986 nicht für Vereinbarungen, die am 1. Juli 1983 bereits in Kraft sind oder zwischen dem 1. Juli 1983 und dem 31. Dezember 1983 in Kraft treten und die Voraussetzung für eine Freistellung nach der Verordnung Nr. 67/67/EWG erfüllen.

Der vorstehende Absatz gilt in gleicher Weise für die Vereinbarungen, die zum Zeitpunkt des Beitritts des Königreichs Spanien und der Portugiesischen Republik bestanden und infolge des Beitritts in den Anwendungsbereich des Artikels 85 Absatz 1 des Vertrages fallen.

Art. 8. Diese Verordnung findet keine Anwendung auf Vereinbarungen, die zum Zweck des Weiterverkaufs von Getränken in Gaststätten oder von Mineralölerzeugnissen in Abfüllstationen geschlossen werden.

Art. 9. Die Vorschriften dieser Verordnung finden entsprechende Anwendung auf aufeinander abgestimmte Verhaltensweisen der in Artikel 1 bezeichneten Art.

Art. 10. Diese Verordnung tritt am 1. Juli 1983 in Kraft. Sie gilt bis zum 31. Dezember 1997.

Diese Verordnung ist in allen ihren Teilen verbindlich und gilt unmittelbar in jedem Mitgliedstaat.

Anhang 4

Verordnung Nr. 123/85

der Kommission vom 12. Dezember 1984 (AblEG Nr. L 15 S. 16 v. 18. 1. 1985).

Gruppenfreistellung von Vertriebs- und Kundendienstvereinbarungen über Kraftfahrzeuge

Die Kommission der Europäischen Gemeinschaften –
gestützt auf den Vertrag zur Gründung der Europäischen Wirtschaftsgemeinschaft,
gestützt auf die Verordnung Nr. 19/65/EWG des Rates vom 2. März 1965 über die Anwendung von Artikel 85 Absatz 3 des Vertrages auf Gruppen von Vereinbarungen und aufeinander abgestimmte Verhaltenweisen, zuletzt geändert durch die Akte über den Beitritt Griechenlands,
nach Veröffentlichung des Verordnungsentwurfs,
nach Anhörung des Beratenden Ausschusses für Kartell- und Monopolfragen,
in Erwägung nachstehender Gründe:

(1) Nach Artikel 1 Absatz 1 Buchstabe a) der Verordnung Nr. 19/65/EWG ist die Kommission ermächtigt, durch Verordnung Artikel 85 Absatz 3 des Vertrages auf bestimmte unter Artikel 85 Absatz 1 fallende Gruppen von zweiseitigen Vereinbarungen anzuwenden, in denen sich ein Vertragspartner dem anderen gegenüber verpflichtet, zum Zweck des Weiterverkaufs innerhalb eines abgegrenzten Gebietes des Gemeinsamen Marktes bestimmte Waren nur an ihn zu liefern. Aufgrund der seit der Entscheidung 75/73/EWG der Kommission gewonnenen Erfahrungen und im Hinblick auf die zahlreichen Vertriebs- und Kundendienstvereinbarungen des Kraftfahrzeugsektors, die nach den Artikeln 4 und 5 der Verordnung Nr. 17 des Rates, zuletzt geändert durch die Verordnung (EWG) Nr. 2821/71, bei der Kommission angemeldet wurden, läßt sich ein Gruppe von Vereinbarungen bestimmen, für die die genannten Voraussetzungen der Verordnung Nr. 19/65/EWG als erfüllt angesehen werden können. Es handelt sich um die Vereinbarungen von bestimmter oder unbestimmter Dauer, in denen der liefernde Vertragspartner den weiterverkaufenden Vertragspartner damit betraut, Ver-

trieb und Kundendienst für bestimmte Waren der Kraftfahrzeugsektors in einem bestimmten Gebiet zu fördern, und in denen der Lieferant sich gegenüber dem Händler verpflichtet, im Vertragsgebiet mit Vertragwaren nur den Händler und außer dem Händler nur eine begrenzte Anzahl von Unternehmen des Vertriebsnetzes zum Zwecke des Weiterverkaufs zu beliefern. Für die Anwendung der vorliegenden Verordnung sind in Artikel 13 eine Reihe von Begriffen definiert.

(2) Die in den Artikeln 1 bis 3 dieser Verordnung genannten Verpflichtungen bezwecken oder bewirken zwar regelmäßig Verhinderungen, Einschränkungen oder Verfälschungen des Wettbewerbs innerhalb des Gemeinsamen Marktes und sind regelmäßig geeignet, den Handel zwischen Mitgliedstaaten zu beeinträchtigen; gleichwohl kann das Verbot des Artikels 85 Absatz 1 des Vertrages auf diese Verpflichtungen – wenn auch nur unter einschränkenden Voraussetzungen – nach Artikel 85 Absatz 3 für nicht anwendbar erklärt werden.

(3) Die Anwendbarkeit des Artikels 85 Absatz 1 des Vertrages auf Vertriebs- und Kundendienstvereinbarungen des Kraftfahrzeugsektors folgt insbesondere daraus, daß die in den Artikeln 1 bis 4 dieser Verordnung genannten Wettbewerbsbeschränkungen und Verpflichtungen im Rahmen des Vertriebssystems eines Herstellers regelmäßig im gesamten Gemeinsamen Markt in gleicher oder ähnlicher Form angewandt werden. Die Kraftfahrzeughersteller durchsetzen den gesamten Gemeinsamen Markt oder wesentliche Teile desselben durch Bündelung von Vereinbarungen mit ähnlichen Wettbewerbsbeschränkungen und beeinträchtigen auf diese Weise nicht nur Vertrieb und Kundendienst innerhalb von Mitgliedstaaten sondern auch den Handel zwischen ihnen.

(4) Die Regelungen über ausschließlichen und selektiven Vertrieb können im Kraftfahrzeugsektor als rationalisierend und unerläßlich angesehen werden, weil Kraftfahrzeuge längerlebige bewegliche Verbrauchsgüter sind, die regelmäßig sowie zu unvorhersehbaren Zeitpunkten und nicht immer am selben Ort fachkundiger Wartung und Instandsetzung bedürfen. Die Kraftfahrzeughersteller arbeiten mit den ausgewählten Händlern und Werkstätten zusammen, um einen besonderen auf das Produkt zugeschnittenen Kundendienst hervorzubringen. Eine so gestaltete Zusammenarbeit kann schon aus Gründen der Kapazität und

Kraftfahrzeuge **Anhang 4**

Wirtschaftlichkeit nicht auf eine unbegrenzte Zahl von Händlern und Werkstätten ausgedehnt werden. Die Verbindung von Kundendienst und Vertrieb ist als wirtschaftlicher anzusehen als eine Trennung zwischen einer Vertriebsorganisation für neue Fahrzeuge einerseits und einer Kundendienstorganisation mit Ersatzteilvertrieb andererseits, zumal der Auslieferung des an den Verbraucher verkauften neuen Kraftfahrzeugs eine mit den Direktiven des Herstellers übereinstimmende technische Funktionskontrolle durch das Unternehmen des Vertriebsnetzes vorhergehen muß.

(5) Vertriebsbedingungen sind allerdings nicht in jeder Beziehung unerläßlich für wirtschaftlichen Vertrieb. Die Ausnahmen von der Freistellung beziehen sich darauf, daß die Lieferung von Vertragswaren an Wiederverkäufer dann nicht untersagt werden kann, wenn sie
– dem gleichen Vertriebsnetz angehören (Artikel 3 Ziffer 10 Buchstabe a) oder
– Ersatzteile kaufen, um sie bei Reparaturen oder Wartungsarbeiten selbst zu benutzen (Artikel 3 Ziffer 10 Buchstabe b).

Mit der Freistellung nach dieser Verordnung sind Maßnahmen des Herstellers und der Unternehmen seines Vertriebsnetzes vereinbar, die den Schutz seines selektiven Vertriebssystems bezwecken. Das gilt insbesondere für Verpflichtungen des Händlers, Endverbrauchern, die einen Vermittler eingeschaltet haben, Fahrzeuge nur zu verkaufen, wenn sie den Vermittler bevollmächtigt haben (Artikel 3 Ziffer 11).

(6) Der Ausschluß von außerhalb des Vertriebsnetzes stehenden Großhändlern vom Weiterverkauf von Teilen, die vom Kraftfahrzeughersteller stammen, soll möglich sein. Es ist anzunehmen, daß das gerade für den Verbraucher günstige System der schnellen Verfügbarkeit von Ersatzteilen des gesamten Vertragsprogramms, einschließlich der sich langsam umschlagenden Teile, ohne Vertriebsbindung nicht aufrechterhalten werden könnte.

(7) Das Konkurrenzverbot und die auf bestimmte Geschäftsbetriebe beschränkte Markenausschließlichkeit können grundsätzlich freigestellt werden, weil sie dazu beitragen, daß sich die Unternehmen des Vertriebsnetzes auf die vom Hersteller oder mit seiner Zustimmung ausgelieferten Erzeugnisse konzentrieren und daß diese Unternehmen auf diese Weise den für das Fahrzeug

Anhang 4 Kraftfahrzeuge

spezifischen Vertrieb und Kundendienst hervorbringen (Artikel 3 Ziffer 3). Solche Verpflichtungen verstärken die Bemühungen des Händlers um Absatz und Kundendienst für Vertragswaren und damit auch den Wettbewerb zwischen den Vertragswaren und mit Konkurrenzerzeugnissen.

(8) Konkurrenzverbote können allerdings nicht als in jeder Hinsicht unerläßlich für wirtschaftlichen Vertrieb angesehen werden. Die Händler müssen frei sein, Teile, die den vom Lieferanten angebotenen qualitativ gleichen, z. B. aus der gleichen Produktion eines Zulieferanten des Kraftfahrzeugherstellers stammen, bei Dritten zu beziehen, sie zu verwenden und weiterzuvertreiben. Sie müssen ferner die Auswahlfreiheit hinsichtlich solcher für Kraftfahrzeuge des Vertragsprogamms verwendbaren Teile behalten, die den Qualitätsstandard nicht nur erreichen, sondern übertreffen. Bei derartiger Abgrenzung des Konkurrenzverbots wird dem Interesse sowohl an der Sicherheit der Fahrzeuge als auch an der Aufrechterhaltung wirksamen Wettbewerbs Rechnung getragen (Art. 3 Ziff. 4 und Art. 4 Abs. 1 Ziff. 6 und 7).

(9) Die Beschränkungen, denen der Händler außerhalb des Vertragsgebiets unterliegt, führen zu verstärktem Einsatz bei Vertrieb und Kundendienst in einem überschaubaren Vertragsgebiet und zu verbrauchernaher Marktkenntnis und bedarfsorientiertem Angebot (Art. 3 Ziff. 8 und 9). Die Nachfrage nach Vertragswaren soll aber beweglich bleiben und regional nicht begrenzt werden können. Die Händler sollen nicht nur die Nachfrage nach Vertragswaren im Vertragsgebiet befriedigen dürfen, sondern auch diejenige, die von Personen und Unternehmen in anderen Gebieten des Gemeinsamen Marktes ausgeht. Vom Händler eingesetzte Werbemittel, mit denen er sich an Nachfrager im Vertragsgebiet wendet, die zugleich aber auch überregional wirken, dürfen nicht behindert werden, weil durch sie die Verpflichtung zu gesteigerter Absatzförderung im Vertragsgebiet nicht beeinträchtigt wird.

(10) Die Verpflichtungen nach Art. 4 Abs. 1 stehen mit den in den Art. 1 bis 3 aufgeführten Verpflichtungen in sachlichem Zusammenhang und beeinflussen deren wettbewerbseinschränkende Wirkungen. Sie können, soweit sie im Einzelfall vom Verbot des Art. 85 Abs. 1 des Vertrages erfaßt werden, wegen dieses Zusammenhangs mit einer oder mehrerer der nach dem Art. 1

bis 3 freigestellten Verpflichtungen ebenfalls freigestellt werden (Art. 4 Abs. 2).

(11) Entsprechend Art. 1 Abs. 2 Buchst. b) der VO Nr. 19/65/EWG sind Voraussetzungen zu bestimmen, die erfüllt sein müssen, damit die Nichtanwendbarkeitserklärung nach dieser Verordnung wirksam werden kann.

(12) Nach Art. 5 Abs. 1 Ziff. 1 Buchst. a) und b) ist Voraussetzung für die Freistellung, daß die Unternehmen des Vertriebsnetzes Gewähr, unentgeltlichen Kundendienst und solchen im Rahmen von Rückrufaktionen in dem vom Hersteller veranlaßten Mindestumfang unabhängig davon leisten, wo das Fahrzeug im Gemeinsamen Markt verkauft wurde. Diese Bestimmungen sollen verhindern, daß die Freiheit der Verbraucher zum Einkauf überall im Gemeinsamen Markt beeinträchtigt wird.

Art. 5 Abs. 1 Ziff 2 Buchst. a) zielt darauf ab, einerseits dem Hersteller den Aufbau eines koordinierten Vertriebssystems zu ermöglichen und andererseits die Begründung eines Vertrauensverhältnisses zwischen Händler und Unterhändler nicht zu beeinträchtigen. Deshalb soll sich der Lieferant für den Fall des Einsatzes von Unterhändlern durch den Händler seine Zustimmung vorbehalten, sie aber nicht willkürlich versagen können.

(14) Nach Art. 5 Abs. 1 Ziff. 2 Buchst. b) obliegt es dem Lieferanten, keine Anforderungen entsprechend Art. 4 Abs. 1 zu stellen, durch die ein Händler des Vertriebsnetzes diskriminiert oder unbillig behindert würde.

(15) Art. 5 Abs. 1 Ziff. 2 Buchst. c) bezweckt, der Konzentration der Nachfrage des Händlers auf den Lieferanten entgegenzuwirken, soweit sie auf der Gewährung kumulativer Rabatte beruht. Dadurch soll die Chancengleichheit der Anbieter von Ersatzteilen erhalten werden, deren Angebot nicht so breit wie das des Herstellers ist.

(16) Art. 5 Abs. 1 Ziff. 2 Buchst. d) setzt für die Freistellung voraus, daß der Händler in großen Serien gefertigte Personenkraftfahrzeuge für Endverbraucher im Gemeinsamen Markt mit den für ihren Wohnsitz oder den Ort der Zulassung erforderlichen Ausstattungen beim Lieferanten bestellen kann, sofern der Hersteller ein dem Vertragsprogramm des Händlers entsprechendes Modell über die an den genannten Orten eingesetzten Unternehmen des Vertriebsnetzes ebenfalls anbietet (Art. 13 Ziff. 10). Diese Regelung beugt der Gefahr vor, daß der Herstel-

ler und Unternehmen des Vertriebsnetzes Produktunterschiede, die noch zwischen Teilen des Gemeinsamen Marktes bestehen, zu Marktabschottungen ausnutzen.

(17) Art. 5 Abs. 2 macht die Freistellung des Konkurrenzverbots und der Markenausschließlichkeit von weiteren Mindestvoraussetzungen abhängig. Dadurch soll verhindert werden, daß der Händler infolge solcher Verpflichtungen in zu große wirtschaftliche Abhängigkeit vom Lieferanten gerät und Wettbewerbshandlungen, die ihm an sich freistehen, von vornherein unterläßt, weil deren Vornahme den Interessen des Herstellers oder anderen Unternehmen des Vertriebsnetzes zuwiderläuft.

(18) Nach Art. 5 Abs. 2 Ziff. 1 Buchst. a) kann sich der Händler der Durchsetzung von zu weitreichenden Verpflichtungen entsprechend Art. 3 Ziff. 3 oder 5 widersetzen, wenn außergewöhnliche Gründe vorliegen.

(19) Der Lieferant soll sich vorbehalten können, im Vertragsgebiet weitere Vertriebs- und Kundendienstunternehmen einzusetzen oder das Vertragsgebiet zu ändern, allerdings nur, wenn außergewöhnliche Gründe vorliegen (Art. 5 Abs. 2 Ziff. 1 Buchst. b) und Abs. 3). Dies kommt zum Beispiel in Betracht, wenn andernfalls eine erhebliche Beeinträchtigung des Vertriebs oder Kundendienst für Vertragswaren zu besorgen ist.

(20) In Art. 5 Abs. 2 Ziff. 2 und 3 sind hinsichtlich Dauer und Beendigung der Vertriebs- und Kundendienstvereinbarung Mindestvoraussetzungen für die Freistellung festgelegt, weil angesichts von Konkurrenzverbot oder Markenexklusivität in Verbindung mit Investitionen des Händlers zur Verbesserung der Struktur des Vertriebs und Kundendienstes für Vertragswaren sich dessen Abhängigkeit vom Lieferanten bei kurzfristigen Vereinbarungen oder kurzfristig beendbaren Vereinbarungen erheblich erhöht.

(21) Entsprechend Art. 1 Abs. 2 Buchst. a) der VO Nr. 19/65/ EWG sind Beschränkungen oder Bestimmungen festzulegen, die in den Vereinbarungen nicht enthalten sein dürfen, damit die Erklärung über die Nichtanwendbarkeit des Art. 85 Abs. 1 des Vertrages durch diese Verordnung überhaupt wirksam werden kann.

(22) Wegen weitreichender Wettbewerbsstörungen sind Vereinbarungen, durch die ein Kraftfahrzeughersteller einen anderen Kraftfahrzeughersteller mit dem Vertrieb seiner Waren betraut,

Kraftfahrzeuge **Anhang 4**

von der gruppenweisen Freistellung nach dieser Verordnung auszuschließen (Art. 6 Ziff. 1).

(23) Mindestpreisbedingungen und Verpflichtungen, bestimmte Preisnachlässe nicht zu überschreiten, schließen die Freistellung nach dieser Verordnung aus (Art. 6 Ziff. 2).

(24) Die Freistellung gilt nicht, wenn zwischen den Vertragspartnern für von dieser Verordnung erfaßte Waren Verpflichtungen vereinbart werden, die zwar nach den Verordnungen (EWG) Nr. 1983/83 und (EWG) Nr. 1984/83 der Kommission über die Verwendung von Art. 85 Abs. 3 des Vertrages auf Gruppen von Alleinvertriebsvereinbarungen bzw. von Alleinbezugsvereinbarungen in der dort freigestellten Kombination von Verpflichtungen zulässig wären, die aber über den Umfang der in dieser Verordnung freigestellten Verpflichtungen hinausgehen (Art. 6 Ziff. 3).

(25) Die Vertriebs- und Kundendienstvereinbarungen können unter den Voraussetzungen der Art. 5 und 6 freigestellt werden, solange Maßnahmen entsprechend den Art. 1 bis 4 dieser Verordnung zu einer Verbesserung von Vertrieb und Kundendienst für den Verbraucher führen und sowohl zwischen den Vertriebsnetzen der Hersteller als auch bis zu einem gewissen Grad innerhalb derselben im Gemeinsamen Markt wirksamer Wettbewerb fortbesteht. Für die von Art. 1 dieser Verordnung erfaßten Produktgruppen ist zur Zeit davon auszugehen, daß die Voraussetzungen für wirksamen Wettbewerb auch im Handel zwischen Mitgliedstaaten gegeben sind, so daß die europäischen Verbraucher in allgemeinen als an den Vorteilen aufgrund der Vertriebssysteme angemessen beteiligt angesehen werden können.

(26) Der Art. 7 bis 9 über die Rückwirkung der Freistellung beruhen auf den Art. 3 und 4 der VO Nr. 19/65/EWG und auf den Art. 4 bis 7 der VO Nr. 17. Art. 10 konkretisiert die nach Art. 7 der VO Nr. 19/65/EWG bestehende Befugnis der Kommission, die Vorteile der Freistellung im Einzelfall zu entziehen oder ihre Tragweite zu ändern, und führt dafür beispielhaft wichtige Fallgruppen an.

(27) Wegen der erheblichen Tragweite dieser Verordnung für die Betroffenen ist es angebracht, daß sie erst am 1. Juli 1985 in Kraft tritt. Die Freistellung kann gemäß Art. 2 Abs. 1 der VO Nr. 19/65/EWG für einen bestimmten Zeitraum erklärt werden. Ein Zeitraum bis zum 30. Juni 1995 ist angemessen, weil die

Anhang 4 Kraftfahrzeuge

globalen Vetriebsnetzplanungen im Kraftfahrzeugbereich auf Jahre im voraus erfolgen müssen.

(28) Vereinbarungen, welche die Voraussetzungen dieser Verordnung erfüllen, brauchen nicht angemeldet zu werden.

(29) Diese Verordnung läßt die Anwendung der Verordnungen (EWG) Nr. 1983/83, (EWG) Nr. 1984/83 und (EWG) Nr. 3604/82 der Kommission vom 23. Dezember 1982 über die Anwendung von Art. 85 Abs. 3 des Vertrages auf Gruppen von Spezialisierungsvereinbarungen sowie das Recht unberührt, nach der VO Nr. 17 von der Kommission im Einzelfall eine Entscheidung zu verlangen. Sie steht Gesetzen und Verwaltungsmaßnahmen der Mitgliedstaaten, mit denen diese im Hinblick auf besondere Verhältnisse einzelne wettbewerbsbeschränkende Verpflichtungen einer nach dieser Verordnung freigestellten Vereinbarung verbieten oder ihnen den Rechtsschutz versagen, nicht entgegen. Gleichwohl kann der Vorrang des Gemeinschaftsrechts dadurch nicht beeinträchtigt werden.

Art. 1. Abs. 85 Abs. 1 des Vertrages wird gemäß Art. 85 Abs. 3 unter den in dieser Verordnung genannten Voraussetzungen für nicht anwendbar erklärt auf Vereinbarungen, an denen nur zwei Unternehmen beteiligt sind und in denen sich ein Vertragspartner dem anderen gegenüber verpflichtet, zum Zwecke des Weiterverkaufs bestimmte zur Benutzung auf öffentlichen Wegen vorgesehene drei- oder mehrrädrige Kraftfahrzeuge sowie in Verbindung damit deren Ersatzteile innerhalb eines abgegrenzten Gebietes des Gemeinsamen Marktes
1. nur an ihn oder
2. nur an ihn und eine bestimmte Anzahl von Unternehmen des Vertriebsnetzes zu liefern.

Art. 2. Die Erklärung nach Art. 85 Abs. 3 des Vertrages gilt auch, wenn die in Artikel 1 genannte Verpflichtung mit der Verpflichtung des Lieferanten verbunden ist, innerhalb des Vertragsgebiets keine Vertragswaren an Endverbraucher zu vertreiben und keinen Kundendienst für sie zu leisten.

Art. 3. Die Erklärung nach Art. 85 Abs. 3 des Vertrages gilt auch, wenn die in Art. 1 genannte Verpflichtung mit der Verpflichtung des Händlers verbunden ist,

1. ohne Zustimmung des Lieferanten Vertragswaren und ihnen entsprechende Waren nicht zu verändern, es sei denn, die Änderung ist Gegenstand des Auftrages eines Endverbrauchers und betrifft ein bestimmtes Kraftfahrzeug des Vertragsprogramms, das dieser gekauft hat;
2. mit Vertragswaren im Wettbewerb stehende Waren nicht herzustellen;
3. mit Vertragswaren im Wettbewerb stehende neue Kraftfahrzeuge nicht zu vertreiben und von anderen als dem Hersteller angebotene neue Kraftfahrzeuge in Geschäftsbetrieben, in denen Vertragswaren angeboten werden, nicht zu vertreiben;
4. Ersatzteile, die mit Vertragswaren im Wettbewerb stehen und den Qualitätsstandard von Vertragswaren nicht erreichen, weder zu vertreiben noch bei der Instandsetzung oder -haltung von Vertragswaren oder ihnen entsprechenden Waren zu verwenden;
5. mit Dritten keine Vertriebs- oder Kundendienstvereinbarungen über Waren zu schließen, die mit Vertragswaren im Wettbewerb stehen;
6 ohne Zustimmung des Lieferanten mit innerhalb des Vertragsgebietes tätigen Unternehmen keine Vertriebs- und Kundendienstvereinbarungen über Vertragswaren und ihnen entsprechende Waren zu schließen und getroffene Vereinbarungen dieser Art nicht zu ändern oder zu beenden;
7. Unternehmen, mit denen er entsprechend Ziff. 6 Vereinbarungen getroffen hat, Verpflichtungen der gleichen Art aufzuerlegen, die er gegenüber dem Lieferanten übernommen hat, den Art. 1 bis 4 entsprechen und mit den Art. 5 und 6 im Einklang stehen;
8. außerhalb des Vertragsgebietes
    a) für den Vertrieb von Vertragswaren und ihnen entsprechenden Waren keine Niederlassungen oder Auslieferungslager zu unterhalten,
    b) für Vertragswaren und ihnen entsprechende Waren keine Kunden zu werben;
9. Dritte nicht damit zu betrauen, außerhalb des Vertragsgebietes Vertragswaren und ihnen entsprechende Waren zu vertreiben oder Kundendienst für sie zu leisten;
10. an eine Wiederverkäufer
    a) Vertragsware und ihnen entsprechende Waren nur zu lie-

Anhang 4 Kraftfahrzeuge

      fern, wenn er ein Unternehmen des Vertriebsnetzes ist, oder
- b) Ersatzteile des Vertragsprogramms nur zu liefern, soweit dieser sie bei der Instandsetzung oder -haltung eines Kraftfahrzeugs verwendet;
11. Kraftfahrzeuge des Vertragsprogramms oder ihnen entsprechende Waren Endverbrauchern, die einen Vermittler eingeschaltet haben, nur zu verkaufen, wenn der Vermittler vorher schriftlich zum Kauf eines bestimmten Kraftfahrzeugs und bei Abholung durch diesen auch zur Abnahme bevollmächtigt wurde;
12. die ihm entsprechend den Ziff. 1, 6 bis 11 auferlegten Verpflichtungen nach Beendigung der Vereinbarung zu beachten, jedoch nicht länger als ein Jahr nach Beendigung der Vereinbarung.

Art. 4. (1) Der Anwendung der Art. 1 bis 3 stehen die Verpflichtungen des Händlers nicht entgegen,
1. Mindestanforderungen an den Vertrieb und Kundendienst zu beachten, die insbesondere betreffen:
    - a) die Ausstattung des Geschäftsbetriebs und der technischen Einrichtungen für den Kundendienst;
    - b) die fachliche und technische Ausbildung des Personals;
    - c) die Werbung;
    - d) die Übernahme, Lagerung und Auslieferung von Vertragswaren und ihnen entsprechenden Waren sowie den Kundendienst für sie;
    - e) die Instandsetzung und -haltung von Vertragswaren und ihnen entsprechenden Waren, insbesondere in bezug auf das sichere und zuverlässige Funktionieren des Kraftfahrzeugs;
2. Vertragswaren beim Lieferanten nur zu bestimmten Zeitpunkten oder innerhalb bestimmter Zeiträume zu bestellen, sofern der Abstand zwischen den Bestellterminen nicht mehr als drei Monate beträgt;
3. sich zu bemühen, binnen eines bestimmten Zeitraums innerhalb des Vertragsgebiets Vertragswaren mindestens in dem Umfang abzusetzen, den der Lieferant aufgrund von Vorausschätzungen des Absatzes des Händlers festsetzt, wenn sich die Vertragspartner nicht darüber einigen;

4. Vertragswaren in dem Umfang zu bevorraten, den der Lieferant aufgrund der Vorausschätzungen des Absatzes des Händlers von Vertragswaren binnen eines bestimmten Zeitraums innerhalb des Vertragsgebiets festsetzt, wenn sich die Vertragspartner nicht darüber einigen;
5. bestimmte Vorführwagen des Vertragsprogramms oder eine bestimmte Anzahl derselben zu unterhalten, die der Lieferant aufgrund der Vorausschätzungen des Absatzes des Händlers von Kraftfahrzeugen des Vertragsprogramms festsetzt, wenn sich die Vertragspartner nicht darüber einigen;
6. für Vertragswaren und ihnen entsprechende Waren Gewähr, unentgeltlichen Kundendienst und solchen im Rahmen von Rückrufaktionen zu leisten;
7. im Rahmen von Gewährleistungen, unentgeltlichem Kundendienst und Rückrufaktionen für Vertragswaren oder ihnen entsprechende Waren nur Ersatzteile des Vertragsprogramms oder ihnen entsprechende Waren zu verwenden;
8. Endverbraucher in allgemeiner Form darauf hinzuweisen, sofern er bei der Instandsetzung oder -haltung von Vertragswaren oder ihnen entsprechenden Waren auch Ersatzteile Dritter verwendet;
9. Endverbraucher darauf hinzuweisen, daß bei der Instandsetzung oder -haltung von Vertragswaren oder ihnen entsprechenden Waren Ersatzteile Dritter verwendet wurden, sofern auch Ersatzteile zur Verfügung standen, die mit einer Marke des Herstellers versehen sind.

(2) Die Erklärung nach Artikel 85 Absatz 3 des Vertrages gilt auch, wenn die in Artikel 1 genannte Verpflichtung mit Verpflichtungen entsprechend Absatz 1 verbunden ist, falls diese im Einzelfall vom Verbot des Artikels 85 Absatz 1 erfaßt werden.

Art. 5 .(1) Die Artikel 1 bis 3 und 4 Absatz 2 gelten unter der Voraussetzung,
1. daß sich der Händler verpflichtet,
    a) für Kraftfahrzeuge, die zum Vertragsprogramm gehören oder ihm entsprechen und von einem anderen Unternehmen des Vertriebsnetzes im Gemeinsamen Markt verkauft wurden, Gewähr, unentgeltlichen Kundendienst sowie solchen im Rahmen von Rückrufaktionen in dem Umfang zu leisten, der der Verpflichtung entspricht, die er entspre-

Anhang 4 Kraftfahrzeuge

chend Artikel 4 Absatz 1 Ziffer 6 zu erfüllen hat, welcher jedoch nicht über die Verpflichtung hinausgehen muß, die dem verkaufenden Unternehmen des Vertriebsnetzes auferlegt wurde oder die der verkaufende Hersteller übernommen hat;
b) den innerhalb des Vertragsgebiets tätigen Unternehmen, mit denen er entsprechend Artikel 3 Ziffer 6 Vertriebs- und Kundendienstvereinbarungen geschlossen hat, die Verpflichtung aufzuerlegen, Gewähr sowie Kundendienst ohne Entgelt und im Rahmen von Rückrufaktionen mindestens in dem ihm auferlegten Umfang zu leisten;
2. daß der Lieferant
 a) seine Zustimmung zu Abschluß, Änderung oder Beendigung von Unterverträgen entsprechend Artikel 3 Ziffer 6 bei Fehlen sachlich gerechtfertigter Gründe nicht versagt;
 b) im Rahmen von Verpflichtungen des Händlers entsprechend Artikel 4 Absatz 1 keine Mindestanforderungen stellt und keine Merkmale für Vorausschätzungen anwendet, durch die der Hersteller unbillig behindert oder ohne sachlich gerechtfertigte Gründe unterschiedlich behandelt wird;
 c) im Rahmen von Preisnachlaßsystemen das Zusammenrechnen von Mengen oder Umsätzen von Waren, die der Händler binnen bestimmter Zeiträume bei ihm und bei mit ihm verbundenen Unternehmen bezogen hat, mindestens getrennt vornimmt hinsichtlich der Bezüge von
  – Kraftfahrzeugen des Vertragsprogramms,
  – Ersatzteilen des Vertragsprogramms, bei denen der Händler auf Angebote der Unternehmen des Vertriebsnetzes angewiesen ist, und
  – sonstige Waren;
 d) dem Händler zum Zwecke der Erfüllung eines vom Händler mit einem Endverbraucher abgeschlossenen Kaufvertrags auch ein Personenkraftfahrzeug, das einem Modell des Vertragsprogramms entspricht, liefert, sofern es vom Hersteller oder mit dessen Zustimmung in dem Mitgliedstaat angeboten wird, in dem das Fahrzeug zugelassen werden soll.

(2) Sofern der Händler entsprechend Artikel 4 Absatz 1 Verpflichtungen zur Verbesserung der Struktur von Vertrieb und Kundendienst übernommen hat, gilt die Freistellung nach Arti-

kel 3 Ziffern 3 und 5 für die Verpflichtungen, außer Kraftfahrzeugen des Vertragsprogramms weitere neue Kraftfahrzeuge nicht zu vertreiben oder nicht zum Gegenstand einer Vertriebs- und Kundendienstvereinbarung zu machen, unter der Voraussetzung,
1. daß die Vertragspartner
   a) vereinbaren, daß der Lieferant zustimmt, den Händler von Verpflichtungen entsprechend Artikel 3 Ziffern 3 und 5 zu befreien, falls der Händler nachweist, daß sachlich gerechtfertigte Gründe dafür vorliegen;
   b) einen Vorbehalt zugunsten des Lieferanten, mit bestimmten weiteren innerhalb des Vertragsgebiets tätigen Unternehmen Vertriebs- und Kundendienstvereinbarungen über Vertragswaren zu schließen oder das Vertragsgebiet zu ändern, nur für den Fall vereinbaren, daß er nachweist, daß sachlich gerechtfertigte Gründe dafür vorliegen;
2. daß die Dauer der Vereinbarungen mindestens vier Jahre oder die Frist für die ordentliche Kündigung der auf unbestimmte Dauer geschlossenen Vereinbarungen für beide Vertragspartner mindestens ein Jahr beträgt, es sei denn,
   – der Lieferant hat kraft Gesetzes oder aufgrund besonderer Absprache bei Beendigung der Vereinbarung eine angemessen Entschädigung zu zahlen, oder
   – es handelt sich um den Beitritt des Händlers zum Vertriebsnetz und die erste vereinbarte Vertragsdauer oder Möglichkeit zu ordentlicher Kündigung:
3. daß jeder Vertragspartner sich verpflichtet, den anderen mindestens sechs Monate vor Beendigung der Vereinbarung davon zu unterrichten, daß er eine auf bestimmte Dauer abgeschlossene Vereinbarung nicht verlängern will.

(3) Bestimmte sachlich gerechtfertigte Gründe im Sinne dieses Artikels, die bei Abschluß der Vereinbarung im einzelnen festgelegt werden, können von einem Vertragspartner nur eingewandt werden, wenn sie gegenüber Unternehmen des Vertriebsnetzes in vergleichbaren Fällen ohne Diskriminierung angewandt werden.

(4) Das Recht eines Vertragspartners auf außerordentliche Kündigung der Vereinbarung wird durch die in diesem Artikel genannten Voraussetzungen für die Freistellung nicht berührt.

Anhang 4 Kraftfahrzeuge

Art. 6. Die Artikel 1 bis 3 und 4 Absatz 2 gelten nicht,
1. wenn beide Vertragsbeteiligten oder mit ihnen verbundene Unternehmen Kraftfahrzeuge herstellen oder
2. wenn der Hersteller, der Lieferant oder ein anderes Unternehmen des Vertriebsnetzes den Händler verpflichtet, bei der Weiterveräußerung von Vertragswaren oder ihnen entsprechenden Waren bestimmte Preise nicht zu unterschreiten oder bestimmte Preisnachlässe nicht zu überschreiten, oder
3. wenn die Vertragspartner mit Bezug auf drei- oder mehrrädrige Kraftfahrzeuge oder deren Ersatzteile Vereinbarungen treffen oder Verhaltensweisen abstimmen, für die die Nichtanwendung des Artikels 85 Absatz 1 des Vertrages nach den Verordnungen (EWG) Nr. 1983/83 oder (EWG) Nr. 1984/83 in einem Umfang erklärt wurde, der über diese Verordnung hinausgeht.

Art. 7. (1) Für Vereinbarungen, die am 13. März 1962 bestanden und die vor dem 1. Februar 1963 angemeldet worden sind, sowie für Vereinbarungen im Sinne von Artikel 4 Absatz 3 Ziffer 1 der Verordnung Nr. 17 – ob angemeldet oder nicht – gilt die in dieser Verordnung erklärte Nichtanwendbarkeit des Artikels 85 Absatz 1 des Vertrages rückwirkend von dem Zeitpunkt an, in dem die Voraussetzungen dieser Verordnung erfüllt waren.

(2) Für alle übrigen vor Inkrafttreten dieser Verordnung angemeldeten Vereinbarungen gilt die in dieser Verordnung erklärte Nichtanwendbarkeit des Artikels 85 Absatz 1 des Vertrages von dem Zeitpunkt ab, in dem die Voraussetzungen dieser Verordnung erfüllt waren, jedoch frühestens vom Tage der Anmeldung an.

Art. 8. Werden Vereinbarungen, die am 13. März 1962 bestanden und vor dem 1. Februar 1963 angemeldet wurden, oder Vereinbarungen im Sinne von Artikel 4 Absatz 2 Ziffer 1 der Verordnung Nr. 17, die vor dem 1. Januar 1967 angemeldet wurden, vor dem 1. Oktober 1985 derart abgeändert, daß sie die Voraussetzungen dieser Verordnung erfüllen, und wird die Änderung der Kommission vor dem 31. Dezember 1985 mitgeteilt, so gilt das Verbot des Artikels 85 Absatz 1 des Vertrages für den Zeitraum vor der Änderung nicht. Die Mitteilung ist im Zeitpunkt des Eingangs bei der Kommission bewirkt. Im Falle der Aufgabe zur Post als eingeschriebener Brief gilt das Datum des Poststempels des Aufgabeortes als Tag des Eingangs.

Art. 9. (1) Für Vereinbarungen, die infolge des Beitritts des Vereinigten Königreichs, Irlands und Dänemarks in den Anwendungsbereich von Artikel 85 des Vertrages fallen, gelten die Artikel 7 und 8 mit der Maßgabe, daß anstelle des 13. März 1962 der 1. Januar 1973 und anstelle des 1. Februar 1963 und des 1. Januar 1967 der 1. Juli 1973 tritt.

(2) Für Vereinbarungen, die infolge des Beitritts Griechenlands in den Anwendungsbereich von Artikel 85 des Vertrages fallen, gelten die Artikel 7 und 8 mit der Maßgabe, daß anstelle des 13. März 1962 der 1. Januar 1981 und anstelle des 1. Februar 1963 und des 1. Januar 1967 der 1. Juli 1981 tritt.

(3) Die Artikel 7 und 8 gelten für die Abkommen, die infolge des Beitritts des Königreichs Spanien und der Portugiesischen Republik unter Artikel 85 des Vertrages fallen, mit der Maßgabe, daß das Datum „13. März 1962" durch „1. Januar 1986" und die Daten „1. Februar 1963", „1. Januar 1967" und „1. Oktober 1985" durch „1. Juli 1986" ersetzt werden. Die Änderung dieser Abkommen nach Artikel 8 braucht der Kommission nicht mitgeteilt zu werden.

Art. 10. Die Kommission kann den Vorteil der Anwendung dieser Verordnung gemäß Artikel 7 der Verordnung Nr. 19/65/EWG entziehen, wenn sie in einem Einzelfall feststellt, daß eine nach dieser Verordnung freigestellte Vereinbarung gleichwohl Wirkungen hat, die mit den in Artikel 85 Absatz 3 des Vertrages vorgesehenen Voraussetzungen unvereinbar sind, insbesondere dann,
1. wenn Vertragswaren oder ihnen entsprechende Waren im Gemeinsamen Markt oder in einem wesentlichen Teil desselben nicht mit Waren im Wettbewerb stehen, die vom Verbraucher aufgrund ihrer Eigenschaften, ihres Verwendungszwecks und ihrer Preislage als gleichartig angesehen werden;
2. wenn der Hersteller oder ein Unternehmen des Vertriebsnetzes es Endverbrauchern oder anderen Unternehmen des Vertriebsnetzes in einer über die Freistellung nach dieser Verordnung hinausgehenden Weise dauernd oder systematisch erschwert, innerhalb des Gemeinsamen Marktes Vertragswaren

Anhang 4 Kraftfahrzeuge

oder ihnen entsprechende Waren sich zu beschaffen sowie Kundendienst für solche Waren zu erlangen;
3. wenn für Vertragswaren und ihnen entsprechende Waren dauernd Preise oder Bedingungen angewendet werden, die im Verhältnis zwischen Mitgliedstaaten erheblich voneinander abweichen, und die erheblichen Unterschiede überwiegend auf Verpflichtungen beruhen, die nach dieser Verordnung freigestellt sind;
4. wenn in Verträgen über die Belieferung des Händlers mit Personenkraftfahrzeugen, die einem Modell des Vertragsprogramms entsprechen, sachlich nicht zu rechtfertigende Preise oder Bedingungen angewendet werden, die eine Abschottung von Teilen des Gemeinsamen Marktes bezwecken oder bewirken.

Art. 11. Die Vorschriften dieser Verordnung finden auch insoweit Anwendung, als die in den Artikeln 1 bis 4 genannten Verpflichtungen sich auf Unternehmen beziehen, die mit einem Vertragspartner verbunden sind.

Art. 12. Die Vorschriften dieser Verordnung finden entsprechende Anwendung auf aufeinander abgestimmte Verhaltensweisen der in den Artikeln 1 bis 4 genannten Art.

Art. 13. Für die Anwendung dieser Verordnung werden nachfolgende Begriffe wie folgt definiert:
1. „Vertriebs- und Kundendienstvereinbarungen" sind Rahmenvereinbarungen von bestimmter oder unbestimmter Dauer zwischen zwei Unternehmen, in denen das Waren liefernde Unternehmen das andere mit Vertrieb und Kundendienst für diese Waren betraut.
2. „Vertragspartner" sind die an einer Vereinbarung im Sinne des Artikels 1 beteiligten Unternehmen: das Vertragswaren liefernde Unternehmen, „der Lieferant", und das mit dem Vertrieb und Kundendienst für Vertragswaren vom Lieferanten betraute Unternehmen, „der Händler".
3. „Vertragsgebiet" ist das abgegrenzte Gebiet des Gemeinsamen Marktes, auf das sich die ausschließliche Lieferverpflichtung im Sinne des Artikels 1 bezieht.

4. „Vertragswaren" sind die zur Benutzung auf öffentlichen Wegen vorgesehenen drei- oder mehrrädrigen Kraftfahrzeuge sowie deren Ersatzteile, die Gegenstand einer Vereinbarung im Sinne des Artikels 1 sind.
5. „Vertragsprogramme" ist die Gesamtheit der Vertragswaren.
6. „Ersatzteile" sind Teile, die in ein Kraftfahrzeug eingebaut oder daran angebaut werden, um Bestandteile des Fahrzeugs zu ersetzen. Für die Abgrenzung von anderen Teilen und von Zubehör ist die Verkehrsauffassung maßgebend.
7 „Der Hersteller" ist das Unternehmen,
   a) das zum Vertragsprogramm gehörende Kraftfahrzeuge herstellt oder herstellen läßt oder
   b) das mit Unternehmen im Sinne von Buchstabe a) verbunden ist.
8. „Verbundene Unternehmen" sind
   a) Unternehmen, von denen eines unmittelbar oder mittelbar
      – mehr als die Hälfte des Kapitals oder Betriebsvermögens des anderen besitzt oder
      – über mehr als die Hälfte der Stimmrechte bei dem anderen verfügt oder
      – mehr als die Hälfte der Mitglieder des Aufsichtsrats oder der zur gesetzlichen Vertretung berufenen Organe des anderen bestellen kann oder
      – das Recht hat, die Geschäfte des anderen zu führen.
   b) Unternehmen, bei denen ein drittes Unternehmen unmittelbar oder mittelbar die unter Buchstabe a) bezeichneten Rechte oder Einflußmöglichkeiten hat.
9 „Unternehmen des Vertriebsnetzes" sind außer den Vertragspartnern der Hersteller und die Unternehmen, die von ihm oder mit seiner Zustimmung damit betraut sind, Vertragswaren oder ihnen entsprechende Waren zu vertreiben oder Kundendienst für sie zu leisten.
10 „Personenkraftfahrzeuge, die einem Modell des Vertragsprogramms entsprechen", sind Personenkraftfahrzeuge,
   – die der Hersteller in Serie fertigt oder montiert und
   – deren Karosserie die gleiche Form hat und die das gleiche Trieb- oder Fahrwerk sowie den gleichen Motortyp haben, wie Personenkraftfahrzeuge des Vertragsprogramms.

Anhang 4 Kraftfahrzeuge

11 „Entsprechende Waren oder Kraftfahrzeuge oder Ersatzteile" sind solche, die von gleicher Art wie die zum Vertragsprogramm gehörenden sind, vom Hersteller oder mit seiner Zustimmung vertrieben werden und Gegenstand einer mit einem Unternehmen des Vertriebsnetzes getroffenen Vertriebs- oder Kundendienstvereinbarung sind.

12 „Vertreiben" und „verkaufen" umfaßt andere Formen des Absatzes wie zum Beispiel Leasing.

Art. 14. Die Verordnung tritt am 1. Juli 1985 in Kraft.

Sie gilt bis zum 30. Juni 1995.

Dieser Verordnung ist in allen ihren Teilen verbindlich und gilt unmittelbar in jedem Mitgliedstaat.

»Ein Kleinod der juristischen Literatur«

(Dr. Egon Schneider, Köln in MdR 9/1988 zur Vorauflage)

Creifelds
Rechtswörterbuch

Das Creifelds'sche Rechtswörterbuch erläutert knapp und präzise in lexikalischer Form rund **10.000 Rechtsbegriffe** aus allen Gebieten. Es ermöglicht damit Juristen wie Laien eine rasche Orientierung bei der Klärung täglicher Rechtsfragen.

Fundstellenhinweise auf Rechtsprechung und Spezialliteratur helfen zusätzliche Informationen nachzugehen. Die Behandlung der rechtlichen Formen und Zusammenhänge wird ergänzt durch wichtige Begriffe aus den Grenzgebieten von **Recht, Wirtschaft und Politik**, deren Rechtsgrundlagen dargestellt werden.

Der Anhang enthält **nützliche Übersichten**, z. B. über den Weg der Gesetzgebung, das Gerichtswesen, Rechtsmittelzüge, die gesetzliche Erbfolge, über die Sozialversicherung und die Rentenversicherung.

Aktuell:

Die 10., neubearbeitete Auflage berücksichtigt die enorme Weiterentwicklung durch Gesetzgebung und Rechtsprechung u. a. in über 300 **neue Stichwörtern**. Eingearbeitet ist jetzt eine Vielzahl **wichtiger neuer Gesetze**, wie z. B. ● das Steuerreformgesetz 1990 ● das Gesundheits-Reformgesetz ● das Sprecherausschußgesetz ● das Poststrukturgesetz ● das Gesetz zur Einführung einer Kronzeugenregelung bei terroristischen Straftaten ● das Gesetz zur Einführung eines Dienstleistungsabends ● das Bundesarchivgesetz.

Neu gefaßt und erweitert wurden ferner zahlreiche Stichwörter wegen umfangreicher Gesetzesänderungen, wie etwa ● im Betriebsverfassungsgesetz mit einer Neudefinition der leitenden Angestellten ● im Straßenverkehrsrecht (StVO und StVZO) mit weiteren Sicherheitsvorschriften und ● im Europarecht.

Der Creifelds bleibt auch in der 10. Auflage das handliche Nachschlagewerk, das den schnellen Zugriff auf alle wichtigen Rechtsfragen ermöglicht.

Begründet von Dr. Carl Creifelds, Senatsrat a. D., München.
Herausgegeben von Dr. Lutz Meyer-Goßner, Richter am BGH Karlsruhe.
Bearbeiter: Dr. Dieter Guntz, Vors. Richter am OLG München, Paul Henssler, Steuerberater, Leiter der Akademie für Wirtschaftsberatung, Bad Herrenalb, Prof. Dr. h. c. Hans Kauffmann, Ministerialdirigent, Leiter des Bayer. Landesjustizprüfungsamtes, München, Dr. Lutz Meyer-Goßner, Richter am BGH Karlsruhe, Friedrich Quack, Richter am BGH Karlsruhe, Heinz Ströer, Ministerialdirektor a. D., München

10., neubearbeitete Auflage. 1990
XV, 1428 Seiten.
In Leinen DM 72,–
ISBN 3-406-33964-6

VERLAG C.H. BECK

Handels-, Gesellschafts- und Wirtschaftsrecht im dt

Textausgaben

HGB
Handelsgesetzbuch
ohne Seehandelsrecht mit Wechselgesetz und Scheckgesetz.
(dtv-Band 5002, Beck-Texte)

GewO
Gewerbeordnung
mit Makler- und Bauträgerverordnung, Gaststättengesetz, Handwerksordnung, Gesetz über den Ladenschluß, Preisangabenverordnung, Bundes-Immissionsschutzgesetz mit Verordnungen, Abfallgesetz, Arbeitsstättenverordnung, Gefahrstoffverordnung, Gerätesicherheitsgesetz.
(dtv-Band 5004, Beck-Texte)

WettbR · KartR
Wettbewerbsrecht und Kartellrecht
Gesetz gegen den unlauteren Wettbewerb, Zugabeverordnung, Preisangabenverordnung, Rabattgesetz mit Durchführungsverordnung, Haustürwiderrufsgesetz, Warenzeichengesetz, Gesetz gegen Wettbewerbsbeschränkungen sowie die wichtigsten internationalen Übereinkommen und Vorschriften der Europäischen Gemeinschaft.
(dtv-Band 5009, Beck-Texte)

AktG · GmbHG
Aktiengesetz · GmbH-Gesetz
(dtv-Band 5010, Beck-Texte)

BankR · Bankrecht
(dtv-Band 5021, Beck-Texte)

Patent- und Musterrecht
(dtv-Band 5563, Beck-Texte)

Rechtsberater

Stötter/Stötter · Das Recht der Handelsvertreter, Versicherungsvertreter, Bausparkassenvertreter, Tankstellenvertreter
(dtv-Band 5210, Beck-Rechtsberater)

Lips/Marr · Wegweiser durch d Lebensmittelrecht
Inhalt und Anwendung lebensmittelrech cher Vorschriften. Eine Darstellung für Praxis der Hersteller, des Handels und Lebensmittelüberwachung sowie für c Verbraucher.
(dtv-Band 5219, Beck-Rechtsberater)

Francke · Erlaubtes und Une laubtes in der Verkaufsförderu und in der Werbung von A–Z
Handel, Handwerk, Industrie, Gewert Makler, Versicherungen, Reiseveransta und andere Dienstleistungsgewerbe.
(dtv-Band 5248, Beck-Rechtsberater)

Stillner · Der Kaufvertrag
Der Abschluß des Kaufvertrages nach d Bürgerlichen Gesetzbuch unter Berücksic tigung von Verbraucherkreditgesetz, Hau türwiderrufsgesetz und AGB-Gesetz.
(dtv-Band 5266, Beck-Rechtsberater)

Waldner/Wölfel · So gründe u führe ich eine GmbH
Haftungsbeschränkung, Gründungsvora setzung, Vertragsgestaltung, Geschäftsfe rer, Gesellschafterversammlung, Liquic tion, Steuer- und Kostenrecht.
(dtv-Band 5278, Beck-Rechtsberater)

Braun · Konflikte mit Banken ur Sparkassen
(dtv-Band 5287, Beck-Rechtsberater)

Schulze
Meine Rechte als Urheber
(dtv-Band 5291, Beck-Rechtsberater)

Erhard · Geldanlagen in Aktien
Aktienformen, Aktionärsrecht, Anlagekr rien, Geschäftsführung der AG, Jahres schluß und Lagebericht, Bilanzanalyse u Kritik, Dividendenpolitik, Hauptversam lung, Gegenanträge, Steuern.
(dtv-Band 5292, Beck-Rechtsberater)

Deutscher Taschenbuch Verlag